D1869525

ISBN 978-3-649-66957-9

© 2016 Coppenrath Verlag GmbH & Co. KG,
Hafenweg 30, 48155 Münster, Germany
Textsatz: Internetlitho, Münster
Redaktion: Inga Hagemann
Alle Rechte vorbehalten
Printed in Slovakia

www.coppenrath.de

DER CLUB DER TOTEN WICHTEL

Mit Illustrationen von Kordula Röckenhaus

COPPENRATH

Inhalt

Rosemarie Brilmayer

O du schäbige

Kein Wunder, dass die beiden Turteltäubchen Irina nicht gehört hatten, als sie soeben in Bertrams Wohnung eingedrungen war. Die unvermeidlichen und vor allem unüberhörbaren Geräusche aus dem Schlafzimmer waren fast lächerlich eindeutig. Bertrams Keuchen, Irina bestens vertraut, klang wie die letzte Runde Zirkeltraining und wurde begleitet von niedlichen, spitzen Quiekern. Marke gebleichte Jeans in Kindergröße, Sonnenbank und Goldkettchen.
Was für eine nette Überraschung so kurz vor Weihnachten! Wo doch eigentlich gerade ihre gemeinsame Reise nach San Francisco bevorstand, auf die Irina sich schon seit Wochen freute.
Von der Eislaufbahn drangen Kinderstimmen bis in die Hochparterrewohnung, hell, leicht, schneeglücklich. Der Duft nach gebrannten Mandeln und Glühwein schwebte wie eine süße, wabernde Wolke über dem Schwetzinger Schlossplatz.

Irina zog unhörbar die Wohnungstür hinter sich zu und verharrte mit angehaltenem Atem im Flur. Direkt neben der Garderobe stand Bertrams gepackter Koffer. Die Schuhe und die Jacke, die er bei der Reise tragen wollte, lagen griffbereit daneben. Ein weiteres Anzeichen dafür, dass er tatsächlich schon heute fliegen wollte und nicht, wie ursprünglich geplant, übermorgen zusammen mit ihr. Tränen schossen ihr in die Augen, aber sie drängte sie eisern zurück. Geweint wird später.

Kein fremder Koffer neben seinem. Offensichtlich nahm Bertram seine Neue nicht mit nach San Francisco. Warum wohl nicht? Irina klammerte sich an die Vielleichts wie an einen Satz Rettungsringe auf hoher See. Vielleicht war es ja nur ein Ausrutscher, vielleicht gab es noch Hoffnung, vielleicht war ja doch noch nicht alles …

Das aufdringliche Quietschen der Bettfedern holte sie brutal in die Wirklichkeit zurück, und sie verbot sich strikt jegliche weiteren Sentimentalitäten. Hektisch sah sie sich um, warf einen Blick in die kleine Küche neben der Diele, wo sich ihr ein ungewohnter Anblick bot. Alles blitzte und funkelte. Noch nie während ihrer knapp zwölfmonatigen Liaison hatte Irina Bertrams Spüle ohne schmutziges Geschirr gesehen, noch

nie waren der Küchenboden so sauber geschrubbt und das Schwetzinger Schloss durch die blank geputzten Fenster so gut zu sehen gewesen.
Unter dem Zuckergussschnee wirkte der prunkvolle Bau mehr denn je wie ein Märchenschloss, die Zaunspitzen am Eingang blitzten in der Abendsonne. Behäbig krochen Autos über die breite Straße, die den Schlossplatz durchschneidet und sich vor dem Schloss wie ein großer Scheitel nach rechts und links teilt. Trauben von kamerabewehrten Touristen kletterten lebhaft schwatzend aus Reisebussen und begannen auf der Stelle, das altrosafarbene Schloss zu fotografieren. Und auch das Denkmal der Spargelfrau war außerhalb der Saison und mit Schneehut einen Schnappschuss wert. Emsig verrichtet die Bronzeskulptur ihr stilles Werk und erinnert jahrein, jahraus an die legendären Schwetzinger Spargel, die das Städtchen jedes Frühjahr in einen kulinarischen Ausnahmezustand versetzen.
Aber weder der orange-blaue Sonnenuntergang am Himmel noch das lebendige Treiben da draußen konnte Irina von ihrem Kummer ablenken. Dieser miese Verräter! Wann hatte Bertram eigentlich vorgehabt, ihr das Ende ihrer Romanze um die Ohren zu hauen? Von unterwegs, wenn er schön außer Reich-

weite war? Als Weihnachtsgeschenk vielleicht? Oder als Silvesterknaller?

Irina blickte auf ihre Armbanduhr. Halb sechs. Sogar die antike Standuhr im Flur, die sonst immer mindestens eine Viertelstunde nachging, war auf die Minute genau gestellt. Wohin man auch sah, es herrschte eine untypische, verdächtige Ordnung. Entweder war Bertrams Neue eine ausgemachte Ordnungsfanatikerin, oder er hatte sich endlich eine Haushaltshilfe zugelegt. Womöglich entlohnte er diese sogar gerade in Naturalien, damit hätte er die berühmten zwei Fliegen mit einer Klappe geschlagen. Bertram war schon immer ein Freund praktischer Lösungen gewesen, und ein Geizkragen war er sowieso.

In seiner Singlebude fand Weihnachten schlicht nicht statt. Kein Adventskranz, keine Tannenzweige, keine Lebkuchen. Nicht mal Kerzen. Nur der hölzerne Lichterbogen, den Irina zum ersten Advent in sein Küchenfenster gestellt hatte, wies darauf hin, dass das Fest der Feste bevorstand. Bertram ließ die elektrischen Kerzen einfach rund um die Uhr brennen, wahrscheinlich weniger aus sentimentalen Gründen als aus Bequemlichkeit. Irina wunderte sich sogar ein bisschen, dass er das Ding nicht einfach entsorgt hatte. Zugetraut hätte sie es ihm – jetzt, wo sich

abzeichnete, dass ihre eigene Entsorgung unmittelbar bevorstand.
Wenn man etwas nur verbissen genug herbeisehnt, kann man sich alles wunderbar zurechtbiegen. In den letzten Monaten hatte Irina sich die Beziehung stur schöngeredet, gehofft, es könne irgendwann etwas Ernstes daraus werden. Gemeinsame Wohnung, Polterabend, Honeymoon. Während Bertram offenbar schon längst mit der Demontage begonnen hatte, ohne es allerdings für notwendig zu halten, ihr dies mitzuteilen.
Sie hatte sofort Verdacht geschöpft, als man ihr vorhin bei ihrem Anruf in seinem Büro gesagt hatte, sein Flug gehe schon morgen früh. Täuschte sie sich, oder hatte sie eine gewisse Befriedigung in der überheblichen Stimme seiner Sekretärin herausgehört? Na, kein Wunder, schließlich war Marika Bertrams Ex und erst letztes Jahr gegen Irina ausgetauscht worden. Und jetzt genoss Miss Betonfrisur es natürlich ungeheuer, Irina eins reinzuwürgen. Was ihr, weiß Gott, auch gelungen war.
Zuerst hatte Irina geheult. Gesoffen. Dann hatte sie sich als Bertrams Frau ausgegeben und bei der Fluggesellschaft angerufen, um angeblich einen der beiden Flüge in die USA zu stornieren. Vielen Dank, aber

das habe ihr Mann ja bereits erledigt, teilte man ihr mit. Schuft! Also wollte er tatsächlich alleine fliegen, obwohl die Reise sogar Weihnachten und Silvester mit einschloss.
Bertram wusste natürlich ziemlich genau, was auf ihn zukam. Tränenfluten, Jammern, Flehen, Vorwurf-Endlosschleifen. Was er nicht wusste, war, dass Irina sich schon vor Wochen einen Schlüssel zu seiner Wohnung hatte nachmachen lassen. Sie war oft heimlich hier gewesen, um zu spionieren. Hatte Schubladen durchwühlt, Fotoalben studiert, einfach ein bisschen herumgeschnüffelt und nach Anzeichen von Betrug gesucht. Eigentlich war ihr doch immer klar gewesen, dass es jederzeit passieren konnte, im Grunde hatte sie sogar die ganze Zeit damit gerechnet. Warum also tat es jetzt so schrecklich weh?
Weil sie Bertram verzweifelt liebte – was aber ganz offensichtlich nicht auf Gegenseitigkeit beruhte. Tapfer hatte sie von Anfang an auf erfrischend unverbindlich gemacht, um ihn nur ja nicht zu verschrecken, hatte gehofft, sich auf diese Weise nach und nach zu einem unverzichtbaren Bestandteil seines Lebens zu machen und manchmal sogar noch versucht, ihn an Coolness zu übertreffen. Wollte wenigstens das bisschen nehmen, was sie von ihm kriegen konnte. Es

waren schäbige Almosen, bei denen Bertram immer mehr bekam, als er zu geben bereit war. Er war eben nicht nur materiell gesehen ein Geizhals. Aber insgeheim hatte sie sich in jeder Sekunde danach gesehnt, dass aus dem armseligen Pflänzchen lauwarme Bettgeschichte doch noch die große Liebe wachsen würde. Bis heute. Mit einem Schlag war Irinas Traum aus und vorbei.

Die Tür zum Wohnzimmer stand offen, Irina schlich hinein und machte Licht. Auch hier herrschte eine fast schon befremdliche Sauberkeit. Sogar die Fernbedienungen waren sauber gewischt.

Aber: offene Sektflasche auf dem Couchtisch, Chips und Nüsschen, eine Spur aus hastig abgestreiften Kleidungsstücken auf dem Teppich. Sie sah sie laufen, kichernd, schubsend und beschwipst. Die Sektgläser fehlten, die hatten sie mit ins Schlafzimmer genommen. Auf dem riesigen Flachbildfernseher lief „Eine verhängnisvolle Affäre“, Glenn Close schrillte sich durch das aufpeitschende Finale. An Weihnachten kamen immer die besten Filme.

Aber aufgepasst, Sekt gibt es nur am Anfang.

Irina bezog Stellung hinter dem Vorhang in der Abstellnische, direkt neben dem Staubsauger. Im Flurspiegel gegenüber konnte sie von ihrem Wachtposten aus perfekt die Schlafzimmertür beobachten. Sie wollte keine Szene machen, hatte es jedenfalls nicht vor. Wollte einfach nur wissen, wer die Neue war und sich nicht mit irgendwelchen schalen Ausreden abspeisen lassen. Der Schlag sollte sie treffen, die Zimmerdecke auf sie herabregnen oder wenigstens das Bett unter ihnen zusammenbrechen. Irinas Herz schlug so heftig, dass ihre Kehle schmerzte. Sie zitterte vor Wut, steckte ihre Hände, zu Fäusten geballt, in die Hosentasche, um sie unter Kontrolle zu kriegen.

Indianergeheul und Geballere im Fernsehen.

Diese nervtötende Warterei! Ihre Füße meldeten sich mit unangenehmem Kribbeln, vorsichtig verlagerte sie ihr Gewicht, lehnte sich mit dem Rücken gegen die Wand. Wenigstens war im Schlafzimmer inzwischen eine gewisse Ruhe eingekehrt. Die Ruhe danach. Der Duft von Bertrams unentbehrlicher Entspannungszigarette stieg ihr in die Nase.

Da, jetzt… jetzt! Schritte im Zimmer, Gemurmel, die Schritte näherten sich der Tür, Bertram erschien im Flur, machte Licht. Er trug nur Boxershorts, hatte frische Kleider über dem Arm. Blitzende Augen in seinem erhitzten Gesicht, das zerwühlte Haar schimmerte golden im Spiegel. Sein muskulöser Oberkörper sah ein bisschen aus wie aufgepumpt, das Ergebnis jahrelangen Muskeltrainings. Irina kannte jeden Millimeter seiner makellosen blonden Haut, konnte sie fast unter ihren Fingern spüren. Er drehte sich auf der Schwelle um und schickte einen Kuss zurück ins Zimmer.

Was für ein Elend! Dieser KUSS, der nicht für sie bestimmt war, und das Lächeln, der zärtlich schwebende Blick, der sagte wir beide, nur wir beide, niemand sonst.

Bertram stolperte. Ja, schlag dir die Knie auf, ich will Blut sehen! Aber er fing sich wieder, war ein bisschen verlegen, schloss, ohne noch mal aufzusehen, die Schlafzimmertür hinter sich und verschwand im Bad. Irina musste sich beherrschen, um nicht hinter dem Vorhang hervorzustürmen. Aber ihr war klar, dass es völlig sinnlos wäre, ihn jetzt zur Rede zu stellen. Bertram würde sie niederbrüllen, sie brüsk darauf hinweisen, dass er tun und lassen könne, was er wolle. Genau wie sie. Treue war nicht sein Ding, daraus hat er nie einen Hehl gemacht. Und ihre Nachfolgerin würde sie dann auch nicht zu sehen kriegen. Irina platzte fast vor Wut, vor allem auf sich selbst. Sie hätte nicht herkommen dürfen, das vernichtende Gefühl der Demütigung war viel schlimmer, als sie es sich jemals hatte vorstellen können. Sie biss sich die Lippen blutig, merkte es erst, als ihr Blut warm auf die Hände tropfte.

Jetzt hörte sie die Toilettenspülung, dann die Dusche. Die Neue ließ sich nicht blicken, rekelte sich wahrscheinlich satt und zufrieden im Bett. Irina sah sich, wie sie ihr die Decke wegreißt und Sekt über den Kopf schüttet. Allmählich wurde ihr heiß in ihrer dicken Lederjacke, sie wagte aber nicht, sie auszuziehen.

Nach einer Weile hörte sie Bertram ins Wohnzimmer gehen, und der Fernseher verstummte. Inzwischen war er angezogen, er trug den Pullover, den sie ihm erst kürzlich zum Geburtstag geschenkt hatte. Sie schluckte. Hoffte inständig, dass er nicht noch irgendetwas aus der Abstellnische brauchte, erahnte ihren Kontrollverlust, falls Bertram plötzlich vor ihr stände. Er marschierte beschwingt in die Küche, öffnete den Kühlschrank, holte Brot aus dem Kasten. Das wusste sie, weil der alte Emaillekasten beim Öffnen immer so entsetzlich quietschte. Hilfe, machte er etwa Schnittchen für sich und sein Betthäschen? Nein, er kam mit einem belegten Brot in der Hand aus der Küche, schob es sich halb in den Mund, während er, keinen Meter von ihr entfernt, in seine Schuhe schlüpfte. Sie hätte ihm fast auf den Kopf spucken können. Er zog seine Jacke an. Irina blickte auf ihre Uhr. Ach ja, Mittwoch, um acht zur Männergruppe, was? Heuchler!

Aber nein, er schnappte sich seinen Rollkoffer und verließ kauend die Wohnung, musste wohl doch schon los zum Flughafen. Eilig polterte er die Treppen hinunter, der Bahnhof war nur ein paar Straßen entfernt.

Nachdem die Abschlusstür hinter Bertram ins Schloss gefallen war, sank Irina mit dem Rücken an der Wand entlang zu Boden und blieb erschöpft zwischen Bierkästen und Putzeimern sitzen. Viel schlimmer als die Enttäuschung war der Zorn. Am liebsten hätte sie alles in der Wohnung zertrümmert, andererseits war sie wie gelähmt von Traurigkeit. Nicht mal die Tränen wollten fließen, brannten ihr nur heiß in den Augen, verschleierten ihren Blick. Sie drückte die Fäuste gegen die Schläfen und ließ ihren Kopf auf die angewinkelten Knie fallen. Erbärmlich. Was sie hier tat, war erbärmlich. Es war Bertram, der sie so kleingemacht hatte. Nein, falsch – sie hatte sich von ihm kleinmachen lassen.

Aus dem Schlafzimmer drangen verhaltene Geräusche. Die Frau würde garantiert zu Tode erschrecken, wenn Irina plötzlich in der Tür erschiene. Womöglich hatte sie keine Ahnung von Irinas Existenz, das war sogar sehr wahrscheinlich. Würde sich aber gleich ändern. Irina wollte sie wenigstens noch ein bisschen aufscheuchen. Blieb zu hoffen, dass die Neue noch nicht wusste, dass Bertram grundsätzlich niemals Schlüssel an seine Angebeteten verteilte.

Sie schlich aus ihrer Nische hinüber zur Wohnungstür, raus ins Treppenhaus, zog die Tür, den Schlüssel eingesteckt, leise, nein, unhörbar von außen zu, um sie im nächsten Moment wieder geräuschvoll aufzuschließen, rief noch in der Tür: „Bertram, hallo Bertilein, bist du da?" und pfefferte den Schlüssel auf das Schuhschränkchen neben der Eingangstür.

Jetzt war sie bestimmt nicht schlecht zusammengefahren da drinnen im Schlafzimmer. Alarmiert aufgesprungen, weg von der Tür, weg vom Fenster. Weg vom Bett vor allem. Stand wie elektrisiert mitten im Zimmer und wusste nicht wohin. Etwa schon beim Anziehen? Oder auf hektischer Höschensuche? Demnächst musste ihr aufgehen, dass die meisten ihrer Kleidungsstücke auf dem Wohnzimmerteppich herumlagen. In peinlich nachvollziehbarer Reihenfolge.

Irina ließ ihre Stiefel geräuschvoll auf den Boden plumpsen, kickte sie unter den spießigen, beigefarbenen Schuhschrank und streifte endlich ihre gefütterte

Lederjacke ab. Der Kerzenbogen leuchtete freundlich im Küchenfenster, dahinter glitzerte der bunte Lichternebel des Weihnachtsmarktes auf dem Schlossplatz.
Im Schlafzimmer rührte sich immer noch nichts, sie traute sich offenbar nicht heraus. Na schön, ein bisschen Zeit wollte Irina ihr noch geben, bevor sie auf Konfrontationskurs ging. Sie spazierte in die Küche, ganz ungezwungen, ganz locker. Nur das mit dem Singen wollte irgendwie nicht klappen, die Töne blieben ihr im Hals stecken. Dann eben ohne Gesang. Sie betätigte den Lichtschalter neben der Tür, die Neonröhre über der Spüle flackerte, bevor sie den Raum in grelles, ungemütliches Licht tauchte.
Frühstücksgeschirr in der Spülmaschine, zwei Eierbecher, zwei Müslischälchen.

Bertram frühstückte nie, außer mit weiblichen Übernachtungsgästen. Das Waffeleisen, das er traditionsgemäß immer nur für Beziehungsaufwärmphasen in Betrieb nahm, lag kopfüber in der Spüle. Also hatte er Irina am Telefon heute früh auch schon angelogen … Womöglich hatte seine neue Flamme halbnackt neben ihm gesessen, kichernd, mit vor den Mund gehaltener Hand, und hatte seinem Lügengesäusel zugehört. Ein neuer Stromschlag der Eifersucht fuhr durch Irinas Körper. Sie bereute kurz, dass sie schon ihre Stiefel ausgezogen hatte, und trat mit voller Wucht gegen das altersschwache Kommödchen, auf dem Bertrams ganzer Stolz, seine neue Espressomaschine, stand. Das Schränkchen ächzte und wehrte sich noch ein bisschen, bevor es samt Kaffeemaschine scheppernd in sich zusammenfiel. Eine Flut knallbunter Espressokapseln, zerborstener Plastikteile und Scherben kullerte unter Tisch und Schränke, das Kaffeemaschinenwrack lag wie ein getötetes Tier zu Irinas Füßen.

Es war ein Anfang, reichte aber bei Weitem nicht aus, um die Bilder von Zerstörung, die durch ihren Kopf rasten, zu stoppen. Grelle Miniblitze tanzten vor ihren Augen. Ausnahmezustand. Vielleicht sollte sie besser ganz schnell hier verschwinden? Aber ihre Füße gehorchten ihr nicht, zwangen sie zu bleiben. Sie stieg

über die Scherben und steuerte, vibrierend vor Einsamkeit, auf Bertrams Liebesnest zu. Hielt es einfach nicht mehr länger aus. Es musste endlich etwas passieren.
Ihre Hand schwebte schon über der Türklinke, als ihr plötzlich ein völlig neuer Gedanke kam.
Eigentlich war diese Frau da drinnen doch genauso angeschissen wie sie selbst. Bertram würde sich ein paar nette Wochen mit ihr machen – wenn es hoch kam, auch ein paar Monate – und sie dann gegen die Nächste austauschen. Das arme Würmchen wusste es bloß noch nicht. Und würde Irina wahrscheinlich auch keinen Glauben schenken. Aber vielleicht sollte sie wenigstens versuchen, sie zu warnen, ihr vor Augen führen, welche Demütigung auf sie wartete? Bertram war ein bindungsunfähiger Pavian, der andere Menschen wie Spielzeug benutzte – Irina selbst war das beste Beispiel dafür, in welche Untiefen der Enttäuschung er Frauen zu schicken bereit war. Genau, sie würden sich verschwestern und ihm einen unvergesslichen Denkzettel verpassen. Dann wäre er auf einen Schlag beide Frauen los, was ihm sicherlich überhaupt nicht in den Kram passte. Schon allein der Gedanke hob Irinas Laune.
Entschlossen klopfte sie an die Tür. Nichts, natürlich nicht. Sie drückte die Klinke herunter, immerhin war nicht abgeschlossen.

Die zerwühlte Spielwiese mitten im Raum. Irina kannte niemanden sonst, der ein rundes Bett besaß. Bis zum Stolperparadies heruntergedimmtes Licht, rote Bettwäsche mit Herzchen, Einsatzzeit synchron mit dem Waffeleisen in der Spüle. Der klobige Schreibtisch, dahinter weiße, im Luftzug wehende Baumwollvorhänge vor dem gekippten Fenster. Niemand zu sehen.
Sie versteckte sich, wie kindisch! Gut möglich, dass Bertram ihr doch von Irinas explosiven Wutausbrüchen berichtet hatte. Na schön, dieses Spielchen würde sie jetzt auch noch mitspielen, sie konnte sowieso nicht mehr zurück. Der Anblick der Herzchenbettwäsche hatte ihr einen erneuten fiesen Stich versetzt. Ihr wurde klar, dass es ewig her war, seit sie selbst darin gelegen hatte – glücklich wie noch nie zuvor in ihrem Leben.
Sie drehte den Dimmer hoch auf kuschelige Krankenhausbeleuchtung, sah sich mit Bullterrierblick um. Die Eislaufbahn mit ihren bunten Lichterketten lag draußen auf dem dunklen, verschneiten Schlossplatz wie ein gestrandetes Partyschiff. Bootsy Collins säuselte „Santa's coming“.
Neben dem Bett lag ein Damenschuh mit schwindelerregend hohem Pfennigabsatz. So spitz, dass man Dosen damit öffnen könnte. Wo hatte sie diesen

Schuh bloß kürzlich erst gesehen? Irinas Blick wanderte hinüber zu dem niedrigen Tischchen neben dem Bett, auf dem eine paillettenbesetzte Handtasche lag. Und erstarrte.
Ungläubig kniff sie die Augen zusammen. Jetzt sah sie auch wieder die Füße vor sich, die zu den Mörderpumps gehörten.
Betonfrisur, Katzenaugen, überhebliches Grinsen.
Marika. Ausgerechnet Marika. Was für eine Schmach!
Bertram ließ Irina nicht etwa wegen irgendeiner neuen Frau sitzen, sondern für eine abgelegte Geliebte! Und das war tausendmal schlimmer. Er wärmte aus Prinzip niemals Beziehungen auf, das gehörte zu seinen eisernen Grundregeln. Deshalb konnte das hier auch nur eines bedeuten: Er hatte sich ernsthaft in Marika verliebt, und die würde nun genau das bekommen, was Irina sich die ganze Zeit erträumt hatte. Und Marika würde den Teufel tun, sich gegen Bertram aufzulehnen. Im Gegenteil, sie würde Irina bloßstellen und sich gemeinsam mit Bertram über sie lustig machen.
Irinas hehre Verschwesterungsfantasien verblassten rasch neben der jäh aufflammenden, dunkelroten Wut. Es war wie ein Kurzschluss, jetzt flogen ihre Nerven

endgültig aus den Bahnen. Wüste Verwünschungen ausstoßend hakte sie nacheinander alle Versteckmöglichkeiten ab. Im Kleiderschrank, hinter dem schweren Eichenschreibtisch, in der Nische neben dem Bücherregal … Nichts. Aber hatte der Vorhang nicht eine verdächtige Ausbuchtung? Sie schickte ihre Faust voraus. Peng, die Fensterscheibe war hin, um das klaffende Loch herum vibrierte ein Riesennetz aus Rissen und Sprüngen.

Sie rieb sich ihre schmerzende Hand. Erschrak, verharrte mitten in der Bewegung. Schob den Vorhang vorsichtig ein Stückchen zur Seite, starrte angestrengt hinunter auf die Straße.

Niemand hatte etwas bemerkt. Noch nicht. Aufpassen! Sie nahm Witterung auf wie ein Bluthund. Irgendwo musste Marika schließlich stecken. Ihr Blick streifte die massige antike Holztruhe, die Bertram für seine Schmutzwäsche benutzte. Na klar, das war's! Sie schritt hüstelnd darauf zu und setzte sich laut aufatmend auf den glänzenden, leicht gewölbten Deckel, trommelte laut mit den Fingernägeln dagegen.

Gedämpftes Keuchen von unten. Bingo, Marika hockte tatsächlich da drinnen! Das gönnte Irina ihr von Herzen – Wange an Wange mit Bertrams Drecksocken. Es wäre doch wirklich jammerschade, diese

wundervolle Gemeinschaft gleich wieder zu zerstören.
Sie hätte es ja vielleicht noch wegstecken können, wenn sie einfach nur ausgetauscht worden wäre wie ihre Vorgängerinnen. Dann wäre sie eine von vielen, eine in einer beschämenden, aber logischen Reihe. Aber dass Bertram zu Marika zurückkehrte, nachdem er mit Irina zusammen gewesen war – das war einfach zu viel. Wie paralysiert starrte sie auf den Schlüssel, der zwischen ihren Hosenbeinen hervorlugte wie ein bronzener Schmetterling. Er machte ein rostig knirschendes Geräusch, als sie ihn langsam herumdrehte. Aus der Truhe ertönte ein erstickter Schrei.
„Wie lange ist Bertram eigentlich in San Francisco? Zwei Wochen? Oder doch drei?“ Irina begutachtete ihre Fingernägel. Zeit für eine neue Farbe.

„Lass mich sofort hier raus“, brüllte Marika und drückte von innen gegen den Massivholzdeckel. Irina stellte sich vor, wie sie ihre angewinkelten nackten Beine wütend als Hebel benutzte und mit aller Kraft nach oben stemmte.
„Tja, wenn du nicht zufällig eine Axt dabei hast, sehe ich schwarz.“ Sie lachte. „Halt, ich korrigiere: Du siehst schwarz.“
„Lass. Mich. Raus.“ Marika begleitete jedes Wort mit Schlägen, die Irina belustigt an ihrem Hintern spürte. Der Truhendeckel schloss nicht ganz bündig, und es gab ein paar Ritzen im Holz, durch die wahrscheinlich ein wenig Luft nach innen kam, aber irgendwann wäre die Atemluft da drinnen aufgebraucht … Wie lange konnte man wohl in einer solchen Truhe überleben, wie lange würde es dauern, bis man unweigerlich erstickte?
„Wie heißt das kleine Zauberwort?“, flötete Irina genüsslich. Durch das Loch in der Fensterscheibe wehte eisige Schneeluft herein.
„Blöde Ziege.“
„Falsch“, stellte Irina gelangweilt fest. „Du hast noch genau einen Versuch.“ Wenn Bertram aus San Francisco zurückkam, wäre seine alberne Herzchenbettwäsche wahrscheinlich tiefgefroren.

„Ich warne dich. Wenn ich dich in die Finger kriege, kannst du was erleben." Marika schaffte es trotz ihrer misslichen Lage, eine ordentliche Portion Verachtung in ihre Stimme zu legen.
„Wenn. Da sagst du was."
„Bertram hat recht, du bist wirklich vollkommen verrückt."
Die Frau hatte mit Psychologie offenbar nichts am Hut. Alles in Irina wurde zu Stein. Ein kaltes Herz ist gefährlicher als jede Waffe. Wenn sie bis jetzt immer noch vorgehabt hatte, Marika nur einen gehörigen Schrecken einzujagen, so beschloss sie genau in diesem Moment, das Ganze ein wenig auszudehnen.
„Gute Nacht, Marika." Sie erhob sich wie in Trance. Ihre Glieder gehorchten nur, irgendwo saß jemand und zog an den Fäden. Bertram war mit Marika über sie hergezogen, das war unerträglicher als der Betrug selbst. Sie wünschte nur, Bertram würde statt Marika in der Truhe hocken. „Mal sehen, vielleicht komme ich ja wieder."
„Das kannst du nicht machen", zeterte Marika. „Dafür landest du im Knast."
„Da müsste man mir erst mal was nachweisen können." Irina wunderte sich, wie ruhig ihre Stimme klang, denn in ihr herrschte Krieg. „Wer dich hier

eingesperrt hat, weißt ja eigentlich nur du, oder? Und dass hier überall meine Fingerabdrücke sind, ist wohl kaum überraschend. Schließlich bin ich … war ich ganz offiziell Bertrams Freundin."
Marika antwortete mit wildem Gehämmer und einem Kreischen, das Glenn Close Konkurrenz gemacht hätte. Allmählich bekam sie es wohl wirklich mit der Angst zu tun, die Panik kroch schon aus allen Ritzen der alten Truhe. Irina konnte sie regelrecht riechen. Je mehr Zeit Marika mit Bertrams Schmutzwäsche verbrachte, desto demütiger würde sie werden. Irina beschloss, irgendwo ein Gläschen Wein zu trinken und in ein, zwei Stunden wiederzukommen. Bis dahin wäre Marika so weichgekocht, dass sie nur noch wie eine betäubte Fliege aus ihrem Gefängnis torkeln könnte. Wenn die Atemluft überhaupt so lange reichte. Aber immerhin hatte sie offenbar noch genug Energie zum Fluchen und Toben – die Truhe ächzte und wackelte, hatte sich sogar bereits mehrere Zentimeter von der Wand wegbewegt.
Irina hatte die Türklinke schon in der Hand, als ihr Blick hinüber zu der kaputten Scheibe glitt. Das schwarz klaffende Loch in dem Netz aus Rissen war gerade groß genug, um hindurchzulangen und das Fenster zu öffnen. Mechanisch trat sie an das Fenster,

umwickelte die Hand mit dem Ärmel ihres Pullovers und wischte den Griff ab. Nur so, für alle Fälle.
Ein Einbrecher würde Handschuhe tragen. Es passte alles.
„Kleiner Tipp: Klappe halten spart Atemluft."
Irina trat zum Abschied noch einmal kräftig gegen die wimmernde Truhe, löschte nacheinander die Lichter und schlüpfte in Schuhe und Jacke. Nur den Kerzenbogen im Küchenfenster ließ sie brennen. Höhnisch grinsten die gelben Lämpchen auf das Trümmerchaos am Küchenboden hinab. Irina ließ die Wohnungstür ins Schloss fallen und sprang die drei Stufen zur Haustür hinab.
Die Schneeluft schlug ihr entgegen und kühlte ihren Wutrausch rasch herunter. Die Weihnachtsbeleuchtung über der Straße und in den Bäumen glitzerte kalt in der Dunkelheit, die Buden des Weihnachtsmarktes waren inzwischen geschlossen, und auch die Eislaufbahn lag düster und verlassen auf dem Schlossplatz. Um die Straßenlaternen standen schneegraue Lichtkegel, durch die nur noch ab und zu ein paar eingemummelte Passanten stiefelten.
Kauerte Marika wirklich, nach Atem ringend, in Bertrams Wäschetruhe? Und sie selbst spazierte seelenruhig durch das nächtliche Schwetzingen? Das

Ganze war so unwirklich, fühlte sich an wie ein bizarrer Traum, wie ein an den Rändern ausgefranstes Bild, aus dem die Farbe herausläuft, bis nur noch bleiche Schatten übrig bleiben. Ein eisiger Wind hatte eingesetzt, sie sah sich dabei zu, wie sie den Reißverschluss ihrer Jacke bis zum Kinn hochzog und die Hände in den Taschen vergrub.

Ein flaues Gefühl im Magen erinnerte sie plötzlich daran, dass sie keineswegs träumte und dass sie seit dem Frühstück nichts mehr gegessen hatte. Immerhin war es inzwischen schon kurz vor zehn. Kurzentschlossen setzte sie sich an einen Fenstertisch im „Grünen Baum“ und bestellte einen Schwabenteller und eine Karaffe Rotweinschorle. Der Kellner nahm ihre Bestellung unverhohlen missmutig entgegen, wahrscheinlich hatte Irina gerade seine Hoffnung auf einen frühen Feierabend zunichtegemacht. Denn außer ein paar schwadronierenden Thekenhockern und einem Pärchen am Nebentisch, das, über den Tisch hinweg Händchen haltend, bereits vor leergegessenen Tellern saß, war niemand mehr in der Gaststube.

Sobald der Beilagensalat vor ihr stand, fiel Irina darüber her. Mit jedem Bissen beruhigte sich der Sturm in ihrem Kopf mehr und mehr, bis es schließlich nur noch eine milde Brise war.

Wie hatte sie auch nur kurz daran denken können, Marika einfach in der Truhe hocken zu lassen? Jetzt verstand sie sich selbst nicht mehr. Gleich nach dem Essen würde sie sich erbarmen und die Arme aus ihrem muffigen Gefängnis befreien. Dank durfte sie allerdings nicht erwarten, Marika würde sie mit Genuss in den Boden stampfen. Sofern sie noch die Kraft dazu hatte.

Der Kellner nahte gerade mit ihrem Schwabenteller, als Irina plötzlich einen hellen Schrei ausstieß und klirrend Messer und Gabel fallen ließ. Die Köpfe sämtlicher Anwesender fuhren herum, der Kellner verharrte mitten in der Bewegung, stellte mit knappem Nicken das duftende Essen vor sie auf den Tisch und segelte schleunigst wieder davon.

Irina stieß den Teller von sich, warf einen Zwanzigeuroschein auf den Tisch und riss ihre Jacke von der Stuhllehne. Während sie auf die Straße stürmte, sah sie Bertrams Hausschlüssel vor sich, wie er auf dem hässlichen Schuhschränkchen lag. Warum hatte sie ihn bloß nicht sofort wieder in ihre Jackentasche gesteckt? Unfassbar! Ihre Wut hatte offenbar Regie geführt, sie hatte sich tatsächlich aus Bertrams Wohnung ausgesperrt.

Sie musste Hilfe holen, sofort die Polizei alarmieren.

Hoffentlich war es noch nicht zu spät! Als ihr dämmerte, was ihr blühte, brach ihr trotz der beißenden Kälte der Schweiß aus. Womöglich würde sie wirklich im Gefängnis landen, auf jeden Fall aber würde sich Marika von ihrem Schmerzensgeld eine ganze Armee neuer Mörderpumps leisten können.
Der Gedanke strömte wie ein dünnes Rinnsal in ihren Kopf: Was, wenn sie Marika doch einfach ihrem Schicksal überließe? Schließlich konnte man ihr nichts nachweisen. Bertram hatte keine Ahnung, dass sie einen Zweitschlüssel zu seiner Wohnung besaß, Marika war die einzige Person, die ihr gefährlich werden konnte. Und die würde nichts mehr verraten können, weil sie längst erstickt wäre, wenn Bertram nach Wochen zurückkam. Irina versuchte sich vorzustellen, wie er die Truhe nichtsahnend öffnete und Marikas gekrümmte, halb verweste Leiche darin entdeckte. Schon allein bei dem Gedanken wurde ihr übel, sie würgte, der Beilagensalat vom Schwabenteller machte sich spontan auf die Rückreise in die Speiseröhre. Sie presste eine Hand vor den Mund, versuchte krampfhaft, die Übelkeit niederzukämpfen.
Schwankend setzte sie sich auf eine Bank neben der Bushaltestelle, bekam kaum mit, wie die schneidende Kälte auf der Stelle in ihre Kleider kroch.

Offenbar war sie wohl doch nicht zur Mörderin geboren – obwohl sie wahrscheinlich gerade das perfekte Verbrechen begangen hatte. Die Polizei würde das Werk eines Einbrechers vermuten. Ein Einbrecher, der etwas gegen Espressomaschinen hatte und seltsamerweise in Bertrams Wohnung nichts Lohnenswertes zum Stehlen gefunden hatte. Und der von Marika überrascht worden war.

Aber halt! Schwindlig vor Schreck sprang Irina auf. Sie würden diesen vermaledeiten Zweitschlüssel finden – mit ihren Fingerabdrücken! Damit war die Version mit dem Einbrecher gestorben. Sie musste also unbedingt noch mal zurück in die Wohnung – wenigstens, um den verräterischen Schlüssel zu holen.

Das Loch in der Fensterscheibe des Schlafzimmers.

Natürlich! Warum hatte sie nicht gleich daran gedacht? Sie fing an zu rennen, rutschte aus, krachte auf den mit einer feinen Neuschneeschicht bedeckten Boden, rappelte sich wieder auf, rannte weiter. Aber wenn nun jemand sie einsteigen sah? Egal, das musste sie riskieren. Außerdem waren sowieso kaum noch Menschen unterwegs.

Sofort wurde ihr wieder leichter ums Herz. Ja, sie würde Marika aus der Truhe holen. Alles würde gut werden, noch war nichts wirklich Schlimmes gesche-

hen. Und mit etwas Glück hätte der Goldkettchentiger inzwischen schon keine Zähne mehr.
Etwas Positives hatte das Ganze sogar: Es hatte Irina ausnehmend effektiv von ihrem Liebeskummer abgelenkt. Sollten die zwei doch miteinander glücklich werden! So egoistisch und verlogen wie sie alle beide waren, hatten sie sich wirklich verdient.
Keuchend und völlig außer Atem stand Irina endlich unter dem Schlafzimmerfenster. Alles war unverändert. Wenn man es nicht wusste, konnte man in der Schwärze der Nacht das Loch in der Scheibe kaum erkennen. Wahrscheinlich wäre es erst Tage später entdeckt worden.
Ein paar laut schwatzende Nachtschwärmer stolperten aus dem „Ritter" schräg gegenüber, schlenderten unerträglich langsam im Schein der Straßenlaternen über den Schlossplatz. Lachten, blieben stehen, lachten, gingen weiter. Irina jaulte vor Nervosität, wartete ungeduldig, bis sie in die Friedrichstraße eingebogen waren. Die Kälte stach ihr mit tausend spitzen Nadeln ins Gesicht.
Sie stieg auf den Sicherungskasten vor dem Haus, versuchte, mit einem Riesenschritt auf die Fensterbrüstung zu gelangen. Ein paar Mal musste sie wieder abspringen, einmal fiel sie sogar auf den Rücken wie

ein Käfer, blieb minutenlang schwer atmend auf dem eiskalten Boden liegen. Alles tat ihr weh, sie hatte das Gefühl, ihr Rücken müsse gleich auseinanderbrechen. Die schwarzen Fenster der umliegenden Gebäude starrten auf sie herab, nur vereinzelt stach noch das eine oder andere gelbe Viereck aus den Häuserreihen hervor. Es war fast elf, die Leute saßen in ihren warmen Stuben oder schliefen.

Jetzt bereute sie bitter, dass sie keine Handschuhe dabeihatte. Ihre Hände und Unterarme waren wüst zerkratzt und aufgeschürft – entsetzt fühlte sie Blut über ihre Finger rinnen. Weiter! Nach mehreren Anläufen schaffte sie es endlich, sich an der schmalen, steinernen Fensterumrandung festzukrallen, drückte sich mit dem Bauch gegen den vereisten Fensterrahmen und fasste mit der anderen Hand durch das Loch, erwischte den Fenstergriff und drehte ihn mit letzter Kraft um. Das Fenster schwang so unvermittelt nach innen, dass sie beinahe kopfüber hineingestürzt wäre, sie stieß unwillkürlich einen leisen Schrei aus und landete hart auf den Knien, direkt neben der Truhe.

Kein Laut drang heraus, kein Jammern, kein Klopfen, kein Hämmern. Obwohl Marika den Lärm gehört haben musste. Sie war doch um Himmels willen nicht etwa schon …

„Marika! Marika, hörst du mich?“
Irina kroch wimmernd zu der Truhe und tastete im Dunkeln verzweifelt nach dem Schlüssel, aber noch bevor sie nach ihm greifen konnte, krachte der Truhendeckel plötzlich nach hinten, zwei kräftige Hände packten sie und schleuderten sie wie eine Puppe nach unten und in die Truhe hinein, drückten ihren Kopf so wütend in die Schmutzwäsche, dass ihr die Luft wegblieb. Der Schock war so gewaltig, dass sie nicht einmal den Versuch machte, sich zu wehren. Als sie endlich begriff, was mit ihr geschah, sauste auch schon der Holzdeckel über ihrem Gesicht herunter.

Das Nächste, was sie hörte, war das grausame Knirschen des Schlüssels.
„Vielleicht ist sie ja tatsächlich zurückgekommen, um mich rauszulassen?“, meinte Marika zweifelnd.
Undurchdringliches Schwarz umfing Irina wie ein alles erstickender Kokon. Ihr Herz zog sich zusammen, lag wie ein kalter Klumpen in ihrer Brust. Wie hatte Marika es bloß geschafft, sich zu befreien?
„Das wollte ich wirklich, Marika“, weinte sie, zusammengekauert wie ein Embryo. „Es tut mir alles so schrecklich leid.“
„Klar. Das würde ich an ihrer Stelle jetzt auch behaupten.“
Irina heulte verblüfft auf, als sie die Stimme erkannte.
„Wenn ich nicht zufällig meinen Pass vergessen hätte, wärst du wahrscheinlich längst hinüber, Schatz.“ Das Klicken eines Feuerzeugs. Bertrams Entspannungszigarette.
Irina wollte schreien, brachte aber nur ein Gurgeln zustande. Marika hatte den Gestank hier drinnen wahrscheinlich viel länger aushalten müssen, und sie selbst bekam schon nach wenigen Minuten kaum noch Luft. Was hatte sie ihr bloß angetan?
„Und warum legt sie sich dann nicht einfach zu Hause in ihr warmes Bett, statt hier mitten in der Nacht akro-

batische Kunststückchen zu vollbringen?“, beharrte Marika. Ihre Stimme klang brüchig und heiser. Nicht schwer zu erraten, warum.

„Ganz einfach: weil sie den Schlüssel vergessen hat. Glaub mir, wenn ihr das nicht passiert wäre, hätte sie dich einfach hier drinnen verrotten lassen.“ Irina hörte, wie der Rollladen vor dem Schlafzimmerfenster ein Stück heruntergelassen wurde. Wahrscheinlich, um das Loch in der Fensterscheibe zu verdecken. Glassplitter knirschten unter Schuhen.

„Neiiiin, das ist nicht wahr“, schrie Irina in heller Panik. „Ich hätte sogar Hilfe geholt. Bitte, Marika, glaub mir.“

Ihre schmerzenden Glieder wollten sich strecken, stießen überall gegen Holz, wurden unbarmherzig in Form gepresst.

„Warum hast du sie denn überhaupt erst eingesperrt, du jähzornige Furie?“ Bertram musste jetzt direkt neben der Truhe stehen, seine Worte prasselten wie Steinschlag auf Irina herab.

„Heute Nachmittag … als ich begriffen hab, dass ihr beide … da hab ich … da ist irgendwas mit mir passiert“, stammelte sie. „Ich wollte doch gar nicht …“

„Du hast überhaupt nicht mit ihr Schluss gemacht, oder?“, sagte Marika langsam. „Unfassbar! Du hast

mich wieder mal belogen, Bertram. Irina hatte keine Ahnung, dass du und ich …?"
„Das hätte sie schon noch früh genug mitbekommen", wiegelte Bertram ungeduldig ab. Seine Stimme entfernte sich ein Stück von der Truhe. „Komm, wir veranstalten noch ein kleines, anregendes Hörspiel, bevor ich wieder zum Flughafen muss. Extra für unseren unfreiwilligen Gast."
Das vertraute Quietschen der Bettfedern. Schuhe fielen auf den Boden. In diesem Moment hasste Irina Bertram aus tiefster Seele. Empörtes Klackern der Mörderpumps. Ein knappes, zorniges Klatschen, Haut auf Haut. Eine Ohrfeige?
„Rühr mich nicht an, du Mistkerl!" Marika, außer sich. „Du hast dich wirklich kein bisschen verändert. Immer noch der gleiche rücksichtslose Egoist."
Irina hörte die Pumps auf die Truhe zustöckeln. „Finger weg von der Truhe." Irina stellte sich Bertrams hübsches Gesicht vor und wie dieses Gesicht in diesem Moment zur arroganten Maske erstarrte. Bertram war es nicht gewohnt, von einer Frau zurückgewiesen zu werden. „Raus hier!", zischte er böse. „Na los, mach schon."
„Du willst sie also wirklich umbringen, ja?" Marikas Stimme drohte zu kippen.

„Das muss ich gar nicht.“ Trügerisch sanft. „Ich komme in drei Wochen wieder und entdecke als Erstes das Chaos in der Küche. Dann, dass meine teuren Uhren und noch andere wertvolle Sachen verschwunden sind. Die ich selbstredend noch irgendwohin in Sicherheit bringen werde, bevor ich zum Flughafen fahre.“ Stolz in seiner Stimme. Dann Ekel. „Der bestialische Gestank und das Loch in der Fensterscheibe. Hilfe, Hilfe, Einbrecher! Und wenn die Polizeibeamten dann hier sind, finden sie – ogottogott – Irinas Leiche in der Truhe.“

Das Klicken des Feuerzeugs, er zündete sich eine neue Zigarette an. „Kleiner Nervenzusammenbruch meinerseits. Und: Ja, leider, das ist meine Freundin Irina, und klar, natürlich hatte sie einen Schlüssel zu meiner Wohnung. Sie muss den Einbrecher überrascht haben, hat sich sogar mit ihm einen Kampf in der Küche geliefert. Er sperrt sie in die Truhe und haut mit der Beute ab.“ Bertram machte eine zufriedene Pause. „Klingt doch logisch, oder? Das gibt noch mal ein hübsches Sümmchen von meiner Versicherung.“

„Sie werden herausfinden, dass du deinen Flug umgebucht hast und erst Stunden später nach San Francisco geflogen bist.“

„Na und? Niemand kann mir beweisen, dass ich dazwischen noch mal hier war. Außer dir hat mich niemand gesehen."
„Früher oder später werden sie dich wegen Mordes drankriegen, verlass dich drauf."
„Nicht, wenn du den Mund hältst, mein Engel." Leise, drohend: „Du hältst doch den Mund?"
Und als Marika nicht antwortete:
„Schon mal was von Beihilfe gehört?" Lässig. Als hätte er so etwas schon hundertmal durchgezogen. „Das hier passt mir einfach viel zu gut in den Kram. Mein kleiner finanzieller Engpass – du weißt schon – ist damit fürs Erste behoben."
Er trat mit Genuss gegen die Truhe.
„Herzlichen Dank, Irina."

„Was bist du doch für ein Schwein!“ Marikas Mörderpumps ratterten an der Truhe vorbei und hinaus in den Flur. Im nächsten Moment fiel die Wohnungstür ins Schloss.
Irinas Gedanken rasten, während sie Bertram in der Wohnung rumoren hörte. Wahrscheinlich suchte er gerade hastig all die wertvollen Dinge zusammen, die er beiseiteschaffen wollte.
Aber wenn er auch nur einen Moment genauer nachdachte, würde ihm klar werden, dass er Irina töten musste, bevor er nach San Francisco flog. Er hatte ja nicht eingeplant, dass Marika sich seinem Vorhaben widersetzen würde. Aber nun musste er damit rechnen, dass sie ihm die Polizei in die Wohnung schickte. Wenn Irina zu diesem Zeitpunkt noch am Leben war, war er geliefert. War sie aber tot, sah alles ganz anders aus. Dann war Marika die Mordverdächtige Nummer eins. Eifersucht. Das älteste aller Mordmotive.
Irina war mit ihren Überlegungen genau an diesem Punkt angelangt, als sie auch schon Bertrams Schritte hörte.
Sachte, bedrohlich.
Es war soweit. Er kam, um sie zu töten. Wahrscheinlich hielt er bereits ein Messer in der Hand, das er nach dem Mord entsorgen würde. An einem sicheren

Ort, vielleicht genau dort, wo er auch seine Wertsachen verstecken wollte.
Irina hielt den Atem an. Die Panik lähmte ihren Körper, sie hatte nur eine einzige, winzige Chance: Er musste glauben, dass sie bereits erstickt war. Dann würde er sich vielleicht nicht mehr die Hände schmutzig machen. Bertram war ein Feigling, und genau das konnte ihr Leben retten.
Knarrend hob sich der schwere Holzdeckel, Irina unterdrückte mit aller Kraft den Impuls Luft zu holen, obwohl sie in diesem Moment nichts lieber getan hätte. Die frische Luft legte sich wohltuend wie ein Seidentuch auf ihr erhitztes Gesicht. Im nächsten Moment spürte sie einen heftigen Tritt in die Rippen, der ihr die Tränen in die geschlossenen Augen trieb. Aber sie schaffte es tatsächlich, nicht zu reagieren, stellte sich vor, sie treibe als Wasserleiche auf einem See, schmerzlos, zeitlos, leblos. Sie spürte, wie er sich herabbeugte und sie misstrauisch anstarrte, fühlte seinen Atem über ihre Wange streichen.
Durchhalten! Aushalten! Tot auf kühlem, grünen Wasser, unter ewig blauem Himmel. Ihr Körper spielte mit, wollte um jeden Preis überleben, schien nur noch über die Haut zu atmen, wahrscheinlich wuchsen ihr gerade Kiemen.

„Na gut“, knurrte Bertram plötzlich. „Komm raus und verschwinde, bevor ich es mir anders überlege.“
Sie fühlte die Falle. Er wollte abschließend testen, ob sie auch wirklich tot war.
Es war eine ungeheure Überwindung, einfach nur nichts zu tun. Nicht aus der Truhe zu klettern, nicht zu schreien, nicht zu atmen. Irina wünschte sich inständig die Dunkelheit zurück, ihre Augenlider würden bestimmt im nächsten Moment zu flattern beginnen.
Nach einer Weile, die ihr wie eine Ewigkeit vorkam, ließ Bertram mit einem zufriedenen Seufzer den Truhendeckel zufallen, und der Schlüssel drehte sich im Schloss. Das Knirschen kroch Irina metallisch in Ohren und Zähne. Und doch war sie unendlich erleichtert. Im nächsten Augenblick hörte sie das leise Klirren seiner Hantel, die unter das runde Bett rollte. Irina hatte das Geräusch oft genug gehört.
Er hatte also vorgehabt, sie mit seiner Hantel zu erschlagen – trotz der stickigen Hitze in der Truhe wurde ihr eiskalt. Sie atmete vorsichtig ein und aus und befahl ihren Muskeln immer wieder, sich zu entspannen. Durch Bertrams Manöver war immerhin wieder ein bisschen Frischluft in ihren Sarg gelangt, und sie schöpfte vorsichtig Hoffnung. Marika war

sicher schon dabei, Hilfe zu holen, sie würde Irina bestimmt nicht im Stich lassen. Und Bertram würde in Kürze die Wohnung verlassen, er musste ja mit dem baldigen Erscheinen der Polizei rechnen.
Kaum hatte Irina den Gedanken zu Ende gedacht, als es draußen plötzlich still wurde. Diese Stille, die nur menschenleere Räume haben. Seelenlos. Sie wusste instinktiv, dass Bertram die Wohnung jetzt tatsächlich verlassen hatte.
Oder war es wieder nur eine Falle?
Marika! Noch nie in ihrem Leben hatte sie sich einen anderen Menschen so sehr herbeigesehnt. Ihr Herz schlug schneller, als sie Schritte im Treppenhaus hörte, aber es war wohl nur irgendein Hausbewohner. Niemand kam in die Wohnung, um sie zu befreien.
Was, wenn Marika ihr nun doch nicht helfen wollte? Was, wenn sie sich anders entschieden und beschlossen hatte, Bertram nicht ans Messer zu liefern? Dann würde es nicht mehr lange dauern, bis Irina jämmerlich erstickte. Sie würde den Tod sterben, den sie Marika in ihrer Wut – wenn auch nur für wenige Minuten – zugedacht hatte.
Irina weinte leise vor sich hin, die Zeit verrann, nichts geschah. Bald konnte sie nur noch mühsam durch den

Mund atmen, aber auch das wäre demnächst vorbei. Ihre Brust schmerzte, sie fühlte, wie sie trotz dieses Schmerzes allmählich wegdämmerte, wunderte sich, dass sie überhaupt keine Angst hatte, spürte nur Frieden, himmlischen Frieden …

Sie erwachte davon, dass jemand sie jäh in die Höhe riss.

Zwei Arme umschlangen ihren geschwächten Körper und zogen sie aus der Truhe, eine Hand legte sich unter ihr Kinn, hielt ihren Kopf aufrecht. Irina öffnete mühsam die Augen und sank an Marikas Schulter. Sie konnte nicht aufhören, Luft zu holen, ihre Lungen brannten wie Feuer.

„Alles wird gut", flüsterte Marika immer wieder. „Alles wird gut."

„Er wollte mich wirklich töten", krächzte Irina. War das wirklich ihre Stimme, so zittrig und fremd?

„Ich weiß", nickte Marika. „Und dafür wird er büßen."

Irina blickte verstört um sich.

„Du bist allein? Keine Polizei?"

„Dafür hatte ich einfach noch keine Zeit. Um ihn überführen zu können, musste ich ja rauskriegen, wohin er die Sachen bringt." Marikas Betonfrisur war hinüber, ihre kinnlangen blonden Haare mit den

weiß gefärbten Spitzen hingen ihr wirr ins Gesicht. „Aber keine Sorge, die Polizei wird demnächst einen hochinteressanten Tipp von uns kriegen."
„Aber … aber … wie bist du denn in die Wohnung gekommen? Der Rollladen ist doch …"
Irina wollte den Kopf zum Fenster drehen, doch ihre Nackenmuskeln schienen aus Gummi zu sein, ihr Kopf sank immer wieder kraftlos an Marikas Brust.
„Ich hab deinen Zweitschlüssel mitgehen lassen." Marika lächelte. „Bertram war wohl so mit seinen Uhren beschäftigt, dass er nicht mehr an ihn dachte. Das Schränkchen ohne Schlüssel ist ja auch das gewohntere Bild. Dann hab ich mich hinter einer Glühweinbude versteckt und gewartet, bis er mit den Koffern aus dem Haus kam und ihn bis zu seinem rund um die Uhr geöffneten Fitnessstudio verfolgt. Er war offenbar dämlich genug, das ganze wertvolle Zeug in seinem Spind zu verstecken, denn er ist mit nur einem Koffer wieder rausgekommen." Marika grinste. „Was steht eigentlich auf Versicherungsbetrug? Mal ganz abgesehen von versuchtem Mord?"

Die sieben elektrischen Kerzen an dem Lichterbogen in Bertrams Küchenfenster leuchteten unermüdlich Tag und Nacht, obwohl Weihnachten längst vorüber

war. Niemandem schien aufzufallen, dass mit dieser Wohnung am Schwetzinger Schlossplatz irgendetwas nicht stimmte.
Wenn man ganz nah unter dem Schlafzimmerfenster vorbeiging, konnte man einen merkwürdig fauligen Geruch wahrnehmen. So, als ob etwas, das einmal quicklebendig gewesen war, da drinnen langsam vor sich hin faulte.
In ein paar Tagen würde Bertram urlaubsselig aus San Francisco zurückkommen. Er würde die Polizei alarmieren und die Kampfspuren in seiner Küche und etliche gestohlene Wertsachen melden.
Er würde im Beisein der Beamten ein paar stinkende Schweinekoteletts in seiner Wäschetruhe finden und in peinliche Erklärungsnot geraten. Die interessierte Damenwelt im Rhein-Neckar-Delta würde lange Zeit auf ihn verzichten müssen.
Ja, es passte wirklich alles.

Oliver Bottini

Ausgeknipst

Holger tötete seit Jahren nur noch an Weihnachten. Da sind die Leute so besinnlich, pflegte er zu sagen, da treten sie bereitwilliger ab; Jesus in der Krippe, die Heiligen Drei Könige, all die Engel und Hirten und die Musik und dieser Kram, da lassen sie leichter los, weißt du. Aber bring einen an Neujahr um oder an einem Freitag oder an einem Sommerabend, du meine Güte, das dauert, da haben sie noch was vor im Leben, da wollen sie *gar* nicht. Wenn ein Kunde anrief und sagte: Hör mal, Holger, kannst du den oder die ausknipsen?, antwortete Holger: Logo, wenn es bis Weihnachten Zeit hat.

Und manchmal hatte es Zeit.

Die Sache mit Pfeifer zum Beispiel hatte Zeit, die Sache mit Schneider und Aurichberger dagegen nicht. Schneider und Aurichberger übernahm ich, mir ist es ja egal, wann ich wen ausknipse und ob es dauert oder nicht. Pfeifer beendete sein Leben am 24. Dezember 2006 weihrauchumnebelt in einer mit Geschenkschleifen

verzierten Drahtschlinge, während im Radio der Ansbacher Knabenchor „O du fröhliche“ sang.
„Oder waren es die Windsbacher?“, fragte Holger.
Ich pulte Maultaschenreste aus den Zähnen und schwieg.
„Oder Village People?“ Holger schlug sich mit der Hand gegen die Stirn. „Die Konzentration lässt nach“, flüsterte er mit brüchiger Stimme.
Ich nickte. Kannte ich. Fünfzehn Jahre derselbe Beruf, das Problem mit der Routine. „Mach dir keine Gedanken. Ist nur die Scheißroutine.“
„Noch zwei Bier“, rief Holger.
„Neulich bei Aurichberger greife ich in die Jackentasche, um den Draht rauszuholen, und was hab ich eingesteckt? Einen Scheißgummi.“
„Und?“
„Hab sie totgeschnipst.“
Wir lachten. Die Biere kamen. „Scheißroutine“, sagte ich.
Wir saßen in irgendeiner Pinte in irgendeinem Kaff irgendwo in Südwestdeutschland und warteten auf Ratibor und Marie. Ein paar Tische, ein langer Tresen, dunkles Holz, an den Wänden Spielautomaten, in den Gehörgängen Weihnachtslieder. Sieben Gäste an drei Tischen, einer saß allein, den hätte ich lieber nicht im

Rücken gehabt, aber Holger hatte ihn im Blick, das genügte. Ein einsamer Kraftprotz mit Bier und düsterer Miene, der irgendwann mit dem Leben abrechnen würde, und das konnte durchaus zu Weihnachten in einem dunklen Loch wie diesem passieren. Dann würde er Biergläser werfen und Tische umstoßen und rumbrüllen, und Holger oder ich müssten ihm eine Kugel verpassen, und das würde auffallen, so was waren sie hier nicht gewöhnt, im Schwabenland.

„Hab ihn im Blick", sagte Holger.

Ich nickte und pulte wieder Maultaschenreste.

Wir gingen nie im selben Kaff Bier trinken, wir waren vorsichtig. Um acht im Blablabla in Blablabla, hab da in der Gegend einen Job, hatte Holger am Morgen gesimst. Um neun, hatte ich zurückgesimst, Baustelle auf der A8. Sieben Stunden Autofahrt für ein paar Weihnachtsbiere mit Holger und den anderen. Freundschaften musste man eben pflegen.

Gab ja nicht so viele von uns.

Gab in der ersten Liga ja nur Holger, mich, Marie und Ratibor, in dieser Reihenfolge. Dreihundertzwölf Pappnasen standen auf unserer Liste, das war spitze in Europa. Das war spitze in der *Welt.*

„Auf die Freundschaft", sagte ich und schunkelte zu „Ihr Kinderlein kommet".

Holger hob das Glas, wischte mit der anderen Hand den Tresen trocken. „Auf die Freundschaft."
Wir tranken.
Ein Bierrand auf dem Tresen. Bei Holger! Holger, der nie irgendwo eine Spur hinterließ. Der Augen im Hinterkopf hatte, Uhren in jeder Pore seines Körpers. Der im Hirn ein paar Millionen Zellen mehr mit sich herumtrug als wir anderen. Der alles und jeden registrierte und genauso, wo zu welchem Zeitpunkt weshalb *nichts* geschah und *niemand* was sagte. Holger, der Antennenmann. Der Meistermörder.
Holger, unsere Ikone.
Sie kennen „Mein Freund Harvey" mit James Stewart? Holger war Harvey.
Und jetzt hinterließ Holgers Bierglas einen Rand aus Feuchtigkeit auf dem Tresen. Gruslig. Da machte man sich schon Gedanken. Ich sah Holger besorgt an. „Vielleicht ist es der Stress, Holg."
„Bei über dreihundert Tagen Urlaub im Jahr?"
„Hm. Und wenn's ein Burn-out ist? Elf Pappnasen in zwei, drei Tagen, da reichen auch dreihundert Tage Urlaub nicht, Mensch. Allein die Vorbereitung. Die Logistik. Die Fahrerei. Hinterher das schlechte Gewissen. Das kriegst du in dreihundert Tagen nicht wieder hin. Du hast 'nen Scheiß-Burn-out, Holg, glaub mir."

„Nee“, murmelte Holger.
„Wie viele sind es in diesem Jahr? Sag mir nicht, dass es *noch* mehr sind ...“
Holger winkte ab. Nur drei, erwiderte er, und einer sei schon erledigt. Er sagte das leise und betreten, als würde er sich schämen, weil er mal kürzertrat. Dabei war das doch nur vernünftig.
„Ist doch nur vernünftig, mal kürzerzutreten“, sagte ich.
Holger nickte und schaute zur Tür. „Wo Ratibor nur bleibt.“
„Und die Marie.“
„Und die Marie.“ Holger sah mich sekundenlang mit einem Blick an, den ich an ihm noch nicht kannte. Irgendwie unruhig. Ratlos. Ein Hm-Blick. Ein Ich-weiß-nicht-mehr-weiter-Blick. Ein Karl-Heinz-hilf-mir-Blick. Du bist meine letzte Hoffnung. So ein Blick. Freundschaft eben, dachte ich und sagte: „Oder es ist das andere. Diese Bore-out-Scheiße.“
„Nee“, sagte Holger.
Ich schüttelte den Kopf. Burn-out, Bore-out ... Da erfand so ein Psychodepp einen Zustand – klar, dass man sich das irgendwann einfangen musste. „Wenn du mich fragst, du hast einen Bore-out. Dreihundert Tage Urlaub im Jahr! Ich würde mich vor Langeweile in Scheiben schneiden.“

„Auf den Urlaub", sagte Holger und hob das Glas.
„In Scheiben, Holg. Mit dem Hattori HD-11 Carving 240 Millimeter … Auf den Urlaub."
Wir tranken.
Holger wischte Feuchtigkeit vom Tresen.
Holger sah auf die Uhr.
„Zehn", sagte ich. Wir wechselten einen Blick. Eine Stunde Verspätung. Keiner von uns vieren würde je zu spät kommen, es sei denn – Abgang, Exitus.
In unserem Beruf gibt es keine Regeln, es dominieren Kreativität und Flexibilität. Aber es gibt kausale Zusammenhänge.
Wer zu viel nachdenkt, hat ausgeschissen.
Wer zu wenig nachdenkt, hat ausgeschissen.
Wer zu spät kommt, hat ausgeschissen.
Wer zu früh kommt, hat ausgeschissen.
Solche Zusammenhänge. Hat Holger einst formuliert.
Ich verdrängte die Gedanken an Ratibor und Marie.
„Was macht der Scheißeinzelgänger?", flüsterte ich.
„Sitzt und grübelt", flüsterte Holger. Sein Blick flackerte. Der Hilf-mir-Blick.
Gruslig, dachte ich. Bei Holger! „Bore-out, Holg, jede Wette."
Er schüttelte den Kopf. „Wie alt bin ich, Karl-Heinz?"
„Herrje, die beschissene Midlife-Crisis …"

Holger rückte dicht zu mir heran. „Macht einen blöd im Kopf. Plötzlich tauchen lauter Fragen auf: Wo stehst du, wo willst du hin, hat das alles einen Sinn, ist da wer?“

„Ist da wer?“

Holger zuckte die Achseln. „Ein Karussell aus blöden Fragen, und die Antworten werden nicht mitgeliefert, verstehst du?“

„Scheißblöde Fragen, Mann.“

„Ist mir wichtig, dass du das verstehst.“

„Ich versteh's, Holg.“

„Plötzlich sind sie da, die Fragen. Du wachst auf und fragst dich: Ist da einer?“

„Einer, den du nicht wegpusten würdest, meinst du?“

Holger nickte und hob den Daumen. „Da oben."
„Und, ist da oben einer?"
„Ich glaub nicht."
„Dachte ich mir, Holg. Willst du einen Rat?"
Er nickte wieder.
„Wenn du aufwachst und dich fragst, ob da einer ist, und da ist keiner, dann schlaf weiter."
„Geht nicht", murmelte Holger.
„Weil du dich dann fragst, warum da keiner ist und ob da nicht einer sein sollte."
Holger sagte nichts.
„Scheißblöde Fragen, Holg."
Er zuckte die Achseln. Er sah jetzt sehr müde und sehr traurig aus.
Ich hob das Glas. „Darauf, dass es wieder besser wird."
Wir tranken.
Zeit für ein Geständnis unter Freunden, dachte ich. „Ich kenn das", sagte ich leise. „Die Scheiß-Midlife-Crisis. Hatte ich mit dreißig." Meine Nase juckte, Tränen stiegen mir in die Augen. Acht Monate Krise, von morgens bis abends und die halbe Nacht. Nichts half. Und ich probierte *alles* aus. Alles, Sie verstehen. Pappnasen, die nie auf unsere Liste kamen, weil niemand sie ausgeknipst

haben wollte. Pappnasen, bei denen es *wirklich* lange dauerte. Sie verstehen.
Und irgendwann, eines Morgens beim Pflanzenumtopfen, war sie vorbei, meine Midlife-Crisis. Einfach so. Als wär nie was gewesen.
Ich wischte mir die Scheißtränen aus dem Gesicht. „Geht vorüber, Holg."
„Nee", sagte Holger und rief: „Noch zwei Bier!"
„Noch einen Rat", sagte ich. „Gönn dir mal was. Du verstehst, was ich meine. Irgendwas, das nicht auf die Liste kommt. Irgendwas, das *richtig* Spaß macht. Was Verqueres. Irgendwas, woran du nie zu denken gewagt hast."
Holger nickte. „Du verstehst das, oder?"
„Ich versteh das, Holg."
„Dass es nicht immer so weitergehen kann. Immer und immer und immer so weitergehen."
„Nein, das geht nicht. Wird man blöd von."
„Dass man da raus will. Das Ganze mal von einer anderen Seite erleben will. Das Leben neu justieren. Sehen, was noch in einem steckt. So was."
„Versteh ich, Holg."
Die Biere kamen. „Auf die Freundschaft", sagte ich. Holger sagte nichts.
„Stress, Burn-out, Bore-out, Midlife-Crisis", sagte ich.

„Kommen alle Scheißzustände dieser Welt aus England?"
„Aber es sind nicht nur die Fragen ..."
„Scheißengländer. Nicht nur die Fragen, Holg?"
„Es ist die Stille." Holger starrte auf seine Hände. „Das Telefon klingelt nicht, an der Tür klingelt es nicht. Kein Geräusch in der Wohnung, wenn du dich nicht bewegst. Keine Stimme. Kein Rascheln. Nicht mal ein Furz von rechts oder links. Verstehst du? So eine Stille."
Ich sagte nichts. *So* eine Stille also. So ein Problem. Wir gingen nun mal keine Beziehungen ein. Wir waren vorsichtig. Wir lebten im Zölibat, Sex macht blöd im Kopf. Ein Leben ohne Sex, traumhaft. Da fallen viele Probleme einfach mal von vornherein weg.
Wer Sex hat, hat ausgeschissen.
Wer keinen Sex hat, überlebt.
Wer liebt, hat von vornherein aber auch so was von ausgeschissen.
Holgers kausale Zusammenhänge.
Und jetzt das. Holger und die Stille.
„Ratibor", sagte Holger und blickte zur Tür.
Ich drehte mich nicht um. Wenn zwei in dieselbe Richtung schauen, sind sie in der anderen Richtung ungeschützt. Wer nicht vorsichtig ist, hat ausgeschissen.
Ich spürte eine Bewegung neben mir, nahm Ratibors Körpergeruch wahr. Er roch wie immer nach Baby,

nach glatter, weicher Haut, Niveacreme, Fruchtwasserresten, aufgeblähtem Darm und so. Aber heute kamen weitere Gerüche dazu – frische Erde, Bärlauch, Hundepisse. Sein weißes, verkniffenes, knollnasiges Gesicht tauchte in meinem Blickfeld auf. Er sah Holger an, dann mich. Schlechte Nachrichten, das war offensichtlich.

Wir brachten die Köpfe zusammen, damit Ratibor nicht zu laut sprechen musste. Holgers Stirn war eiskalt. Ratibors Stirn war warm und verschwitzt. „Verseuchter Laden", flüsterte Ratibor.

Holger und ich schwiegen. Ich versuchte nachzudenken, aber es ging nicht, zu viel von dem Scheißbier.

„Sicher?", flüsterte ich.

Ratibor nickte.

„Der Scheißeinzelgänger?"

„Mikro unterm Kragen, Empfänger im Ohr."

„Ein Schwabenbulle?"

„BKA."

„Scheiß die Wand an …"

Ratibor hatte drei Stunden lang neben dem Gebäude hinter einem Baum im Bärlauch gehockt und Funksprüche abgefangen. *Ich sitz am Eingang – Kaum was los – Ich geh jetzt pissen – Die Frau kommt – Unser Mann kommt – Die Frau geht pissen – Unser Mann folgt ihr – Unser Mann kommt zurück – Der Dicke kommt – Unser Mann und der Dicke reden – Scheißweihnachtslieder – Bürschle, was die zusammensaufen …*

Solche Funksprüche.

Scheißroutine! Was man so alles nicht mehr mitbekam. Holger zuckte einmal, zweimal, aber er tat und sagte nichts. Keiner von uns sagte was. Was gab's da auch zu sagen?

So war das mit der Freundschaft. Scheißfreundschaft. Wir hoben die Köpfe. „Ich bin nicht dick", flüsterte ich.

„Ich war auf dem Lokus", flüsterte Ratibor und sah Holger an.

Holger nickte.

„Hast ihr zwei von hinten verpasst und sie auf die Schüssel gesetzt."

Holger nickte.

„Da sitzt sie jetzt, die Marie, tot auf dem Lokus."

Holger nickte. Er war sehr blass um die Augen. Aber er tat und sagte nichts. Ich hatte ein wenig Mitleid mit ihm. Das fing ja richtig scheiße an, sein neues Leben.

„Zahlen die wenigstens gut?", fragte ich.

Holger schluckte und nickte.

Ich war beeindruckt. Die vom BKA hatten's inzwischen wirklich drauf. Die neue Generation, sensationell. Bezahlten den Meistermörder, damit er seine Mörderschüler ausknipste. Die Ikone wurde geschmiert, und schon waren vier größere Probleme auf einmal gelöst.
„Und wie geht's jetzt weiter?", fragte Ratibor.
„So", sagte ich, zog die Heckler & Koch mit der linken Hand, die Walther mit der rechten. Mit der H&K hielt ich Holger in Schach, mit der Walther verpasste ich dem Schwabenbullen drei Löcher, Frauen schrien, Männer schrien. Tohuwabohu und *Es ist ein Ros' entsprungen*. Der Schwabenbulle war so scheißsparsam, dass er nicht mal richtig bluten wollte beim Sterben.
Ich schaute Holger an. Der schwieg und nickte noch immer, als hätte er einen Nickmechanismus eingeschaltet.
Nicknicknick.
„Mann, Holger", sagte ich.
Nicknicknick.
Wir sahen dem Tohuwabohu eine Weile zu, dann sagte ich: „Gehen wir."
Wir brachten Holger zu dem Bärlauch- und Hundepissebaum. Er ging krumm, die Arme baumelten, aus jeder Pore quollen ihm die Midlife-Crisis und das schlechte Gewissen.

Vom Pintenparkplatz drangen Motorenlärm und Reifenkreischen herüber. Das Scheißschwaben-BKA in Bataillonsstärke. Da sparten sie dann nicht.

„Mann, Holger“, sagte ich.

Nicknicknick.

Jetzt gab es zwei Möglichkeiten: 1. Ich tat es, 2. Ratibor tat es. Ich riss mich nicht darum, aber eines war klar: Wer es tat, würde zur Legende werden. Zum Mythos. Der Ikonenkiller. Er würde ein Buch schreiben – *Ich, Ikonenkiller* –, sich von den Tantiemen einen faulen Lenz machen und in der Verfilmung aus reiner Langeweile eine Nebenrolle als Barmann übernehmen.

„Lust, mal ein Buch zu schreiben?“, fragte ich Ratibor.

„Ach, weißt du“, sagte Ratibor ausweichend.

Ich nickte und lächelte.

Ratibor nickte und lächelte ebenfalls.

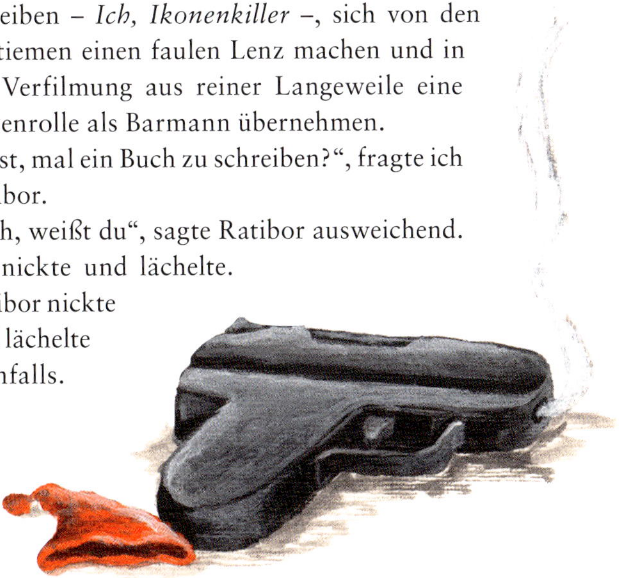

Denn noch etwas war klar: Der, der dem anderen beim Ikonentöten zusah, würde gleich danach ausgeknipst werden. Legenden entstehen nur ohne Zeugen. In der Ferne hoben Dutzende Kirchenglocken zum Christmettenläuten an, als wollten sie die Weisen aus dem Morgenland herbeirufen. Ich zuckte die Achseln. Die H&K krachte, die Walther krachte, so war das eben mit der Freundschaft. Zum Glück war Weihnachten, da treten die Leute bereitwilliger ab.

Hans Koppel

Fräulein Peterssons Haus

Die Geschenke waren verteilt, der Weihnachtsbaum hatte noch eine Kanne Wasser bekommen, und die Spülmaschine brummte diskret im Hintergrund. Jörgens Frau war eingeschlafen, nachdem sie die Kinder ins Bett gebracht hatte, und im Fernsehen lief ein Spielfilm, der weder Calle noch Jörgen interessierte.
„Wie wär's mit einem letzten Schinkenbrot vor dem Schlafengehen?" Jörgen sah seinen Freund hoffnungsvoll an.
„Du, ich bin ganz schön satt."
„Ein Schinkenbrot und ein Bier schaffst du schon noch."
„Na gut, ein kleines", sagte Calle.
Jörgen war rasch auf den Beinen. „Dass man dich auch immer zu deinem Glück zwingen muss", sagte er und holte die Reste des Weihnachtsessens aus dem Kühlschrank.
Wenig später standen eingelegter Hering, hartgekochte Eier, Schinken, Rote-Bete-Salat, Fleischbällchen, Butter, Käse, Brot und Bier auf dem Tisch.
Calle konnte angesichts dieses üppigen Angebots nur den Kopf schütteln.

„Na und wennschon, es ist doch Weihnachten“, sagte Jörgen. „Welcher Aquavit darf’s denn sein? O.P. Anderson oder Skåne?“
„Ja, gerne.“
„Das ist die richtige Antwort“, erwiderte Jörgen und nahm beide Flaschen aus dem Gefrierschrank.
Sie aßen von kleinen Desserttellerchen, so als könne dies der Völlerei vorbeugen. Der kalte Schnaps ließ die Gläser beschlagen.
„Skål.“
„Skål. Und vielen Dank.“
Sie leerten die Gläser in einem Zug.
„Wieder ein Weihnachten abgehakt“, meinte Jörgen. „Noch zwei Tage, dann ist endlich wieder gesegneter Alltag.“
„Weihnachten mit euch zu feiern, ist wirklich kein größeres Opfer“, sagte Calle.
„Und uns freut es, dich dabeizuhaben. Du hast doch gehört, was die Kinder gesagt haben? Dass Weihnachten ohne dich irgendwie komisch wäre.“
„Ja. Das war schmeichelhaft.“
Jörgen goss Schnaps nach. „Du gehörst zur Familie, Calle, das ist einfach so.“
Sie stießen schweigend an. Der Hund, ein Border Terrier, der auf den Namen Katja hörte, legte Jörgen die

Vorderpfoten auf die Oberschenkel. Jörgen gab ihr ein Fleischbällchen.

„Und du wunderst dich, dass sie ihr Futter nicht frisst", meinte Calle.

„In der Tat, äußerst rätselhaft", erwiderte Jörgen und streckte die Hand nach einem Stück Knäckebrot aus.

„War sie schon draußen?"

„Ich geh noch eine schnelle Runde, wenn wir gegessen haben."

„Dann begleite ich dich."

„Nicht nötig."

„Aber klar, was denkst du denn? Mir macht es doch Spaß, mal wieder auf den Spuren unserer Kindheit zu wandeln."

Calle wohnte seit vielen Jahren in der Innenstadt, aber Jörgen war in den idyllischen Vorort zurückgekehrt, in dem sie beide aufgewachsen waren. Nachdem er in der Internetbranche zu einem hübschen Vermögen gekommen war, hatte er eines der größeren Seegrundstücke erworben und dort nach den Wünschen seiner Frau ein Haus gebaut.

„Es ist wirklich schön hier draußen", sagte Calle. „Ich glaube, früher war mir überhaupt nicht klar, was für eine privilegierte Kindheit wir hatten."

„Zu unserer Zeit war es netter hier. Alles, was heute

zählt, ist Geld und Fassade. Die Leute reden über nichts anderes. Wie viel Asche hat der-und-der für seine Hütte hingeblättert, wie viel Geld ist da wohl in die Renovierung geflossen, und so weiter."

„Du kannst da doch ganz locker mithalten", meinte Calle.

„Das schon, aber Spaß macht das nicht. Geld verschafft Freunde, die man gar nicht haben will, unangenehme Schleimer."

Calle lachte. „Kannst du dich noch an Pontus aus unserer Klasse erinnern?", fragte er, „Du weißt schon, der einen Haufen Geld geerbt hat und bei den Jungen Konservativen so aktiv war?"

„Oje, der", meinte Jörgen und verzog das Gesicht.

„Eigentlich gibt es nichts Böses über ihn zu sagen", meinte Calle.

Jörgen zuckte mit den Achseln. „Aber auch nichts Gutes."

„Irgendwie fand ich ihn ganz witzig. Er war so dermaßen erzkonservativ, dass man sich fast schon gefragt hat, ob er einen nicht die ganze Zeit verarscht."

„Ich fürchte, es war sein blutiger Ernst."

„Immerhin war er ein fröhlicher Millionär. Was ist eigentlich aus ihm geworden? Ist er nicht auch hierher zurückgekehrt?"

„Doch. Bis zu seiner Scheidung vor gut einem Jahr hat er hier gewohnt. Seine Frau lebt immer noch hier."
„War das die, die du mal als hübsch, aber langweilig bezeichnet hast?"
„Evelyn", erwiderte Jörgen und nickte. „Ich sehe sie manchmal beim Einkaufen. Sie hat immer denselben angewiderten Gesichtsausdruck, als hätte sie gerade irgendwas Ekliges gegessen. Ich habe eine fürchterliche Geschichte über die beiden gehört." Er biss in sein Brot und zeigte auf seinen Mund, um Calle zu bedeuten, dass er erst einmal fertig kauen musste.

Schließlich fuhr er fort: „Pontus wollte unbedingt mit ihr nach Griechenland fahren und dort von Insel zu Insel segeln. Evelyn willigte ein, unter der Bedingung, dass sie ein Boot mit Skipper mieten würden."
„Durchaus nachvollziehbar."
„Natürlich. Nur dass dieser Skipper sich als junger, gutaussehender Adonis erwies."
Calle verzog das Gesicht.
Jörgen nickte und grinste sardonisch. „Am dritten Tag hat Pontus sie auf frischer Tat ertappt, als sie vor einer Insel ohne Fährverbindung vor Anker lagen. Er musste sich also von ihnen ans Festland segeln lassen, ehe er nach Hause fahren konnte. Evelyn blieb an Bord, schließlich hatten sie für zwei Wochen bezahlt."
„Oje!"
„Ja, schrecklich, was? Dann kehrte sie sonnengebräunt und reumütig nach Hause zurück, und er verzieh ihr. Danach war alles wie immer, bis sich herausstellte, dass Pontus sein ganzes Geld an der Börse verspielt hatte. Da war es dann endgültig aus mit der Liebe."
„Muss ja eine schreckliche Person sein", meinte Calle.
Jörgen nickte. „Ja, durch und durch. Aber wie gesagt, er ist auch nicht viel besser. Also, was meinst du, wollen wir die Gläser leeren und schnell noch einen Spaziergang machen, bevor wir uns in die Koje hauen?"

Katja schien keine sonderliche Lust zu haben, sich hinaus in die Kälte zu begeben. Angeleint blieb ihr aber keine andere Wahl, und bald hatte sie ihre Proteste vergessen und trippelte fröhlich neben ihrem Herrchen her.

Eine dünne Schicht frischen Pulverschnees funkelte auf den geräumten Wegen und Einfahrten. Das Thermometer zeigte zehn Grad minus, die Luft war trocken.

„Schon seltsam, wenn man auf einmal so in die Kindheit zurückversetzt wird", meinte Calle. „Jedes Haus weckt Erinnerungen."

„Wirklich?"

„Na klar. Geht es dir nicht genauso?"

Jörgen schüttelte den Kopf. „Dieses Gefühl ist völlig verschwunden, als ich hierhergezogen bin. Nach einem Monat hatte alles eine neue Bedeutung. Jetzt erinnere ich mich kaum noch, wer früher wo gewohnt hat."

Calle hielt inne und deutete über die Gemeindewiese hinweg. „Das große Haus da drüben. Da wohnte doch der Langweiler, der so gerne Minigolf spielte. Rechts der Göteborger mit der bösartigen Promenadenmischung, die er von den Kanaren mitgebracht hatte. In dem roten Backsteinhaus die Dame, die auch noch Trinkgeld gab, wenn man fürs Kinderhilfswerk sammelte. Dahinter Ulrika aus unserer Klasse, auf die

sich alle Jungs stürzten, wenn in der Disco das Licht ausging …"
„Daran erinnere ich mich allerdings auch noch."
Calle drehte sich um und deutete auf ein Haus hinter Jörgens Rücken. „In dem Holzhaus hat dieser ständig betrunkene Künstler aus Norrland gewohnt, und in dem kleinen Haus auf der Landzunge unsere wundervolle Grundschullehrerin Fräulein Pettersson. Du weißt, die nie die Haustür abgeschlossen hat und immer eine Flasche Schnaps auf dem Tisch stehen hatte, um eventuelle Einbrecher zu besänftigen. Hast du nicht irgendwann erzählt, sie sei gestorben?"
„Ja. Letzten Sommer."
„Seltsam, es brennt nämlich Licht."
Jörgen drehte sich um. „Ja, komisch."
„Vielleicht die Verwandtschaft?", meinte Calle.
„Sie hatte nur einen jüngeren Bruder, und der wohnt in den USA."
„Vielleicht ist er ja gerade hier?"
„Nein, das ist er nicht."
„Und woher willst du das wissen?", fragte Calle.
Jörgen trat verlegen von einem Fuß auf den anderen. „Weil ich mich mit ihm unterhalten habe, als er zur Beerdigung hier war. Da sagte er, er würde erst im Februar noch mal herkommen und das Haus ausräumen."

„Warst du auf Fräulein Petterssons Beerdigung?“
„Nein, aber ich habe den Bruder getroffen, und er hat mich gebeten, ein Auge auf das Haus zu haben.“
„Du sollst auf das Haus aufpassen?“
Jörgen nickte.
„Findest du, wir sollten da mal vorbeigehen und anklopfen?“, fragte Calle. „Wir könnten ja nachsehen, wer da ist. Andererseits ist es wohl etwas unhöflich, mitten in der Nacht bei fremden Leuten einzufallen, und das auch noch an Heiligabend.“
Jörgen zuckte mit den Achseln. „Wenn Licht brennt, sind sie ja wohl noch wach. Wir sehen einfach mal nach.“
Sie überquerten die Gemeindewiese und gingen den Hang hinauf auf das etwas abseits gelegene Haus zu. Auf der Straße blieben sie stehen. Nur in einem der Zimmer brannte Licht.
„Er muss das Licht vergessen haben“, meinte Calle.
„Wenn niemand im Haus ist, macht es ja nichts, wenn ich anklopfe“, sagte Jörgen.
Calle fasste ihn an der Schulter. „Warte.“
Jörgen drehte sich um. „Was?“
„Und wenn er das Haus nun vermietet hat?“
„Das glaube ich nicht. Komm jetzt.“
Ohne Zögern ging Jörgen auf das Haus zu. Er stellte sich auf die Zehenspitzen und versuchte, durch eines

der Fenster zu schauen. Dann klopfte er resolut an die Haustür. Calle war ein paar Meter zurückgeblieben.
„Du brauchst die Tür ja nicht gleich einzuschlagen."
Jörgen klopfte noch einmal. Ebenso kräftig wie zuvor.
Calle sah, dass sich ein Schatten im Haus bewegte.
„Da sind Leute", flüsterte er ängstlich.
„Gut", erwiderte Jörgen und klopfte ein drittes Mal.
„Ja?", ließ sich eine Stimme von der Innenseite der Tür vernehmen.
„Hallo?", sagte Jörgen und klopfte erneut.
Die Tür wurde vorsichtig einen Spalt weit geöffnet, Jörgen schaute durch den Spalt. „Hallo, ich habe gesehen, dass Licht brennt, und …"
„Jörgen, bist du es?", fragte jemand.
Die Türe wurde ganz geöffnet.
„Pontus?"
Der Mann im Haus lächelte und streckte die Hand aus.
Jörgen zog seinen Handschuh aus und gab ihm die Hand.
„Was machst du denn hier? Calle und ich kamen zufällig vorbei und wunderten uns, weil Licht brannte."
„Calle?", sagte Pontus und spähte in die Dunkelheit.
Die beiden winkten sich fröhlich zu.
„Kommt doch rein."
„Ich wollte dir keinen Schrecken einjagen", sagte Jörgen. „Ich dachte nur, das Haus steht leer."

Sie betraten die Diele, und Jörgen deutete auf den Hund. „Das hier ist Katja, unser jüngstes Familienmitglied."
Pontus streichelte den Hund. „Du bist aber süß."
„Bist du allein?", fragte Jörgen.
„Nein, nein, Evelyn sitzt auf der Veranda. Könnt ihr bitte die Schuhe ausziehen? Sonst wird der Fußboden nass."
„Hast du was, womit ich dem Hund die Pfoten abtrocknen kann?"
„Ach was. Sie ist doch so klein."
Sie hängten ihre Jacken auf und folgten Pontus auf die verglaste Veranda.
„Meine ehemaligen Mitschüler", sagte er zu seiner Exfrau, die halb zurückgelehnt auf einer Bank saß und schöner war als je zuvor. „Jörgen kennst du ja. Und das hier ist Calle."
Evelyn erhob sich halbherzig und gab ihnen die Hand. „Ihr seid also noch mitten in der Nacht unterwegs", sagte sie.
„Wir wollten nicht stören", meinte Calle.
„Ach nein?" Amüsiert zog sie die Brauen hoch.
„Wir sind zufällig vorbeigekommen und haben gesehen, dass Licht brennt", sagte Jörgen. „Das kam mir etwas seltsam vor, ich hatte nämlich geglaubt, das Haus steht leer."

„Pontus hat es gekauft“, sagte Evelyn.
Jörgen sah den ehemaligen Klassenkameraden fragend an.
„Das ist das alte Haus unserer Grundschullehrerin“, sagte Pontus und lächelte. „Erinnert ihr euch noch, dass sie uns immer im Frühjahr zu Kakao und Kuchen eingeladen hat? Die Lage hier ist einfach unschlagbar. Aber egal. Was kann ich euch anbieten? Einen kleinen Whisky?“
„Ich nehme auch einen großen“, meinte Jörgen und ließ sich auf die Bank fallen, sodass Evelyn zur Seite rücken musste.
Pontus wandte sich an Calle und blickte ihn fragend an.
„Einen kleinen bitte, das ist nett.“
Pontus nickte beflissen und verschwand in der Küche.
Jörgen nahm den Hund auf den Schoß.
„Katja, das ist Evelyn. Evelyn, Katja.“
„Ich habe nicht viel Sinn für Haustiere.“
„Das merkt man“, erwiderte Jörgen. „Und sonst? Wohnst du noch in dem alten Haus?“
„Ja, ich bin wohnen geblieben“, antwortete sie gelangweilt.
„Wie schön“, meinte Jörgen.
Eine unbehagliche Stille breitete sich aus.

„Schöner Abend", sagte Calle und nickte in die blaugraue Nacht hinaus. Die Luft war kristallklar, der Himmel voller Sterne.
Evelyn lächelte gezwungen. Pontus brachte zwei gefüllte Gläser.
„Da wären sie also. Zwei große Whisky", erklärte er munter und überreichte die beiden Gläser. Dann hob er sein eigenes.
„Fröhliche Weihnachten", murmelten alle und tranken.
Pontus sah sich nach einer Sitzgelegenheit um.
„Habe ich mich auf deinen Platz gesetzt? Das war nicht meine Absicht."
„Bleib nur sitzen. Ich nehme einen Stuhl." Er setzte sich an den Tisch und nickte. „Euch zu sehen, ist wirklich eine Überraschung."
„Wie spät ist es eigentlich?", fragte Evelyn.
„Viertel nach elf", antwortete Calle.
„Oh."
Jörgen beugte sich vor. „Hast du das Haus möbliert gekauft?"
Pontus nickte. „Ja, das war irgendwie das Einfachste. Ich werde vermutlich so nach und nach das eine oder andere austauschen."
„Und die Fenster zum Meer hin vergrößern", meinte Evelyn. „Ich weiß gar nicht, was sich die Leute früher

gedacht haben. Wohnt man am Wasser, dann will man doch wohl dieses Naturschauspiel verfolgen. Es passiert doch dauernd etwas."

Pontus wurde verlegen.

„Ja, das weißt du ja", meinte er und nickte Jörgen zu.

„Da braucht man keinen Fernseher mehr", ließ Evelyn philosophisch verlauten.

Jörgen sah sie mit kaum verhohlener Verachtung an.

Pontus wechselte das Thema. „Und? Wie geht es euch? Was machst du jetzt eigentlich, Calle?"

„Ich schreibe."

„Stimmt. Du schreibst. Und? Macht das Spaß?"

„Doch, schon. Manchmal."

„Klingt wunderbar. Freiberuflich, oder?"

Calle nickte.

„Und du?", fuhr Pontus an Jörgen gewandt zu. „Machst du immer noch das große Geld?"

„Ich weiß nicht, ob ich das so nennen würde."

„Aber Hungerleider seid ihr nicht, wenn ich das richtig sehe. Keine üble Bude, die du dir da hingestellt hast. Du warst klug genug, um rechtzeitig auszusteigen. Rein, raus. Exit. Richtig so."

„Entschuldige, dass ich so direkt frage. Aber was hast du bezahlt? Für das Haus, meine ich."

Pontus lachte verschmitzt. „Du kennst ja den Spruch. Wer nach dem Preis fragen muss, kann es sich nicht leisten."

„Ach?"

Evelyn mischte sich ins Gespräch ein. „Immer dieses Gerede über Geld. Will man auf eine bestimmte Art wohnen, dann muss man eben dafür zahlen. So einfach ist das."

Katja sah ihr Herrchen an und jaulte gelangweilt.

„Wir wollen euch nicht lange aufhalten", sagte Jörgen. „Wie gesagt. Ich dachte, das Haus steht leer, und befürchtete, jemand sei eingebrochen und hätte sich häuslich eingerichtet."

Er setzte den Hund auf den Fußboden, trank sein Glas aus und erhob sich.

„Weiterhin einen schönen Heiligabend. Entschuldigt nochmals die Störung und danke für den Whisky."

Calle sah Jörgen erstaunt an, aber es blieb ihm nichts anderes übrig, als das Glas wegzustellen und sich ebenfalls zu erheben. Er reichte Evelyn die Hand und verabschiedete sich rasch.

Pontus begleitete sie in den Flur. „Wir müssen uns ein andermal ausführlicher unterhalten. Nett, dass ihr vorbeigeschaut habt."

Jörgen reichte Calle die Leine. „Kannst du sie nehmen? Ich muss nur schnell noch ein paar Worte mit Pontus wechseln."

Calle nahm die Leine und ging hinaus. Katja sah sich sehnsüchtig nach ihrem Herrchen um. Jörgen stand dicht neben Pontus. Er sprach lange und klopfte seinem alten Mitschüler dann freundlich auf die Schulter.

„Und?", sagte Calle, als sie wieder auf die Straße kamen. „Was war los?"

Jörgen schüttelte den Kopf. „Nichts."

„Nichts?"

Calle sah seinen Freund an. Katja blieb stehen und schnupperte lange an einer Schneewehe, ehe sie mit den Hinterbeinen einknickte und pinkelte.

„Ich finde, er hat sich zu seinem Vorteil verändert", meinte Calle.

„Pontus?"

„Ja. Überhaupt nicht so dröge, wie ich ihn in Erinnerung hatte. Er wirkte ein wenig derangiert, aber das machte ihn eigentlich ganz sympathisch. Schade, dass er an diese Frau geraten ist."

„Ja."

„Aber du warst ungehobelt."

„Ach ja?"

„Ja, sehr." Calle schüttelte den Kopf. „Das ist doch sonst nicht deine Art. Ich fand das fast schon unverschämt. Ich meine, wir klopfen da mitten in der Nacht an, er bietet uns einen Whisky an, und du stehst einfach auf und gehst. Fast so, als würde dir das Haus gehören."

Jörgen starrte geradeaus und schwieg.

Da hielt Calle mitten im Schritt inne. „Nein ...", sagte er.

„Was?"

„*Du* hast Fräulein Petterssons Haus gekauft!"

„Ich weiß nicht, wovon du redest."

„Hör schon auf. Mir kannst du nichts vormachen. Ich kenne dich zu gut."

Jörgen blieb stehen und holte tief Luft. „Ich hatte keine Wahl", sagte er und breitete die Arme aus. „Sonst hätte es irgendein verrückter Bauherr abgerissen und zwei hässliche Riesenaquarien da hingeklotzt. Mir hat es immer gefallen. Ein kleines, sympathisches Häuschen, das auf dem hübschesten Fleckchen von ganz Lidingö steht. Ich dachte auch an die Kinder, die müssen eines Tages schließlich auch irgendwo wohnen."

„Und Pontus ... mietet es?"

Jörgen schüttelte den Kopf. „Ich hatte keine Ahnung, dass er da war. Er glaubte sicher, das Haus steht leer. Und da der Bruder der Verstorbenen im Ausland wohnt, dachte er wohl, es würde niemanden stören.

Wahrscheinlich wollte er seine Frau beeindrucken. Du hast ja selbst gesehen, was das für eine ist."
„Und wie will er später einmal erklären, dass er es doch nicht besitzt?"
„Ich glaube, das ist ihm egal. Er hat wohl nur diese paar Tage vor Augen gehabt. Ein Weihnachtsfest mit der Frau, die er immer noch liebt."
„Du meinst also ..."
„Ich habe ihm gesagt, dass er noch über Neujahr bleiben kann. Ich meine, immerhin hat er uns gebeten, die Schuhe auszuziehen. Das lässt doch auf ein gewisses Verantwortungsbewusstsein schließen."

Petra Oelker

Nichts als Hirngespinste

Der Schuss hallte über den See …
Nein, diese Formulierung war ungenau. Es hatte zwar nach einer kurzen Explosion geklungen, doch die hatte nicht gehallt, sondern sich dumpf im Nebel gebrochen.
Dumpf? Dumpf stimmte.
Im *dichten* Nebel? Stimmte auch.
Vielleicht sogar: im undurchdringlichen Nebel …?
Nein. Das war eine müde Metapher, und tatsächlich war Nebel nicht einmal für die Augen wirklich undurchdringlich. Vielleicht im alten London, als er sich noch mit Schmutzpartikeln aus unzähligen Schloten und Schornsteinen zu einer düsteren Melange verbunden hatte. Hier, über diesem See, war der Nebel sauber, von hellem Grau, fast weiß, und erlaubte den Augen einen Steinwurf weit Sicht. Er atmete sich leicht, und über dem Wasser war er in Bewegung. Somit keine Mauer, nur – ja, kalter Dampf. Wie Wolkenfetzen.
Also: Der Schuss …
Unsinn! Trotz des Versuchs, sich auf Formulierungen zu konzentrieren, also auf eine Sicherheit gebende All-

täglichkeit, spürte sie noch die Anspannung des Erschreckens. Der Knall – bei dieser wertfreien Benennung sollte es nun bleiben – hatte sie zusammenfahren lassen wie ein durch den ganzen Körper fahrender elektrischer Schlag. Wenn man allein einsame Wege ging, war das Erschrecken immer tiefer als in Gesellschaft. Sie hatte gelernt, das zu ignorieren. An sonnigen Tagen gelang es für gewöhnlich, mehr oder weniger. In einer Welt voller Nebelgespenster allerdings …

Sie blieb endlich stehen und lauschte, als sei noch zu hören, was gerade verklungen war. Oder etwas, das darauf folgte? Da war nur leise glucksendes Plätschern vom Ufer – vielleicht schwamm eine Ente durchs Schilf. Und dann, als sie die Wollmütze vom Kopf zog und sehr genau hinhörte, noch etwas, das nach Schritten klang. Auch das war Unsinn. Der Boden war zu feucht und weich, um Schritte zu hören. Knackende Äste vielleicht, diese ewigen knackenden Äste, aber das war es nicht gewesen. Was dann? Wurde etwas behutsam, verstohlen gar, durchs Unterholz bewegt? Geschleift?

„Der Nebel ist ein großer Betrüger“, so hatte sie es selbst in einem ihrer Romane geschrieben. Das war weder neu noch originell, doch es stimmte. Immer wieder. An jedem Nebeltag neu. Die wasserdampfgesät-

tigte Luft veränderte, verzerrte Geräusche und Bilder, alle Wahrnehmungen. Das war Physik – mehr nicht. Kein Grund für mulmige Gefühle.
Entschlossen wandte sie sich um und starrte dorthin zurück, woher sie gekommen war. Vielmehr dorthin, so dachte sie nun, wo das unbehagliche Gefühl seine Quelle haben mochte, das sie seit diesem Knall, doch diesem Schuss?, diesem Was-immer-es-gewesen-sein-mochte, hatte.
„Unsinn!!" Diesmal sagte sie es laut. Und noch einmal nachdrücklich: „Un-sinn!!"
Denn das war es. Irgendwo in der Nähe, vielleicht am gegenüberliegenden Ufer des kleinen Sees, vielleicht ein Stück weit hinter ihr bei den Gehöften jenseits des Auwaldes, hatte es ein kurzes explosionsartiges Geräusch gegeben. Natürlich hatte es sie erschreckt. Allein in dieser nebeligen Einöde und im Kopf die Grübelei über eine Mordgeschichte – das machte schreckhaft.
Im Weitergehen steckte sie ihre Mütze in die Tasche. Es war kalt, doch bei schlechter Sicht, so dachte sie vernünftig, sollte man wenigstens gut hören. Allein und an einem ungeschützten Ort reagierte der Mensch eben noch wie ein Tier: wachsam, ängstlich, mit dem Reflex, zu kämpfen oder zu flüchten. Das mit der

Extradosis Adrenalin hatte die Natur äußerst klug eingerichtet, klar, doch der Mensch war vernunftbegabt, er konnte solche Reaktionen analysieren und zuordnen und bei Gelegenheiten wie dieser darüber lachen.
Vernunftbegabt? Bei einem solchen Knall hätten doch Enten auffliegen müssen, erschreckt, panisch, mit ihrem rau warnenden Geschrei. Aber nichts hatte sich bewegt. Plötzlich war sie nicht einmal mehr sicher, ob es dieses Geräusch tatsächlich gegeben oder ob sie es sich nur eingebildet hatte.
Sie war in Gedanken gewesen, tief in der Geschichte, an der sie arbeitete und die seit Tagen nicht voranging. Darin drehte sich alles um einen Mord, denn mit dem Schreiben von Kriminalromanen bestritt sie ihren Lebensunterhalt. Manchmal, tatsächlich ziemlich häufig, wünschte sie sich, ihr Metier wären Liebesromane, veritable Schmonzetten, die nach dem einen oder anderen Herzenskonflikt unausweichlich zum Happy End führten. Leider fehlte ihr für dieses freundliche, auch die eigene Psyche schonende Genre jegliches Talent.
Und wenn es nun doch ein Schuss gewesen war? Wie klang ein Schuss überhaupt? Sie kannte Schießereien nur aus dem Kino oder aus Fernsehfilmen. Dort wurde ständig effekt-hascherisch übertrieben, womöglich

klang ein realer Schuss völlig anders. Erst recht über einem See und im Nebel.
Sie schlug den Jackenkragen hoch, schob die Hände tief in die Taschen und stapfte weiter. Bloß nicht ins Bockshorn jagen lassen – es war ja nur diese verflixte Fantasie, die aus Mücken Elefanten machte, aus einem alltäglichen Geräusch einen mörderischen Schuss.
Es ging auf Mittag zu, der Nebel würde sich bald lichten, dann sah alles anders aus. Und falls hier tatsächlich jemand geschossen hatte, anderthalb Wochen vor Weihnachten, dann nur, um einen Festtagsbraten zu erlegen. Einen Hasen oder Fasan. Die Vorstellung eines toten Rehs schob sie hastig weg, so ein Reh war ein Tier mit beinahe menschlichem Blick. Leider nützte das Wegschieben nichts, es funktionierte einfach nicht. Das Bild war da: ein sterbendes Reh, brechende Augen, Blut, letztes Zucken …
Sie kickte ärgerlich einen Ast vom Pfad. Es war eine blöde Berufskrankheit, diese auf Produktion dressierte Fantasie, diese Bilder im Kopf, die sich beim geringsten Anlass einstellten und zum Film wurden.
Sie wäre besser zu Hause geblieben. Mitten im Dezember, zur Zeit der kürzesten und düstersten Tage, um den einsamen See zu wandern, war eine Schnapsidee.

Sie hatte nicht darüber nachgedacht. Sie hatte nur aus der winterlich grauen, mit ihren Mauern und den von Autos verstopften Straßen erdrückenden Stadt fliehen wollen, auch weg von den mit Lichterketten behängten Balkons und Vorgärten, von dem allgegenwärtigen Gesäusel weihnachtlicher Schlager, den seit Wochen weihnachtlich dekorierten Straßen und Schaufenstern. Vor allem aber weg von ihrem Schreibtisch.

Seit Tagen bastelte sie am siebten Kapitel herum, obwohl sie nach ihrem Zeitplan längst am zehnten arbeiten müsste. Also war sie an den See gefahren, das Gehen in freier Natur half immer, wenn die Gedanken in einer Sackgasse feststeckten. Er war in zwei Stunden zu umrunden, genau die richtige Dosis, um den Kopf klar zu bekommen, und eine idyllische Partie fern jeden Lärms. Im Frühjahr blühten zwischen Buschwindröschen sogar Veilchen, und der Himmel über dem flirrenden Laub der Uferwälder war dann besonders hoch und klar, im Herbst ließ das mildere Licht der tiefer stehenden Sonne das sich gelb, rot und braun färbende Laub leuchten wie ein barockes Gemälde.

Von alldem konnte an diesem trüben Dezembertag natürlich keine Rede sein. Wenigstens wurde der Nebel nun tatsächlich lichter, der Blick reichte schon zwei Steinwürfe weit. Bald …

Diesmal stellte kein Schuss, kein Knall, überhaupt kein Geräusch ihre inneren Warnlampen auf Rot. Sicher war es nur ein Nebelschwaden, aber – wieder blieb sie stehen, fühlte plötzliche Trockenheit im Mund und das kräftigere Klopfen ihres Herzens hinter der Kehle –, aber dort vorne, wo bei der Biegung des Pfades die beiden Anglerhütten am Ufer standen, hatte sich etwas bewegt. *Kein* Nebelschwaden, eine Gestalt. Kein Hirngespinst, ein realer Mann. Jetzt war er weg. Oder bewegte er sich gegenüber der zweiten Hütte wie ein Schemen den Hang hinauf? Was machte er dort? An einem solchen Tag? Und wieso verdrückte er sich durchs Unterholz, anstatt auf dem Weg weiterzugehen? Versteckte er sich?
Keine Hysterie, rief sie sich zur Ordnung und ging weiter, zögernd noch, aber doch weiter. Über den Hang war der Weg zur nächsten Straße erheblich kürzer, das war alles. Und warum sollte er nicht hier sein? Sie selbst war ja auch hier.
Es war kurios. Ihr Herz klopfte bis zum Hals, weil sie *nicht* mehr allein war. Gerade noch hatte sie sich unbehaglich gefühlt, weil sie allein in diesem Wald war und ein Geräusch nach einem Schuss geklungen hatte, weil kein Mensch sie finden würde, wenn jemand sie verfolgte und sie als Opfer oder als vermeintliche Zeugin

eines Verbrechens im eiskalten See versenkte, wenn …
Halt!!
Gedanken glichen wilden Pferden, sie galoppierten einfach los. Also gut, gab sie ihren unvernünftigen Gedanken vernünftig nach – sie würden ja doch keine Ruhe geben. Also gut: Du fürchtest dich nicht wirklich, aber du fühlst dich angespannt, als würdest du beobachtet. Oder verfolgt? Belauert? Das hat nichts mit wachem Instinkt für reale Gefahren zu tun, sondern mit einer durch das jahrelange Kriminalromaneschreiben einseitig reagierenden Fantasie, diesem Nebel und der Düsternis des Dezembertages. Im wahren Leben liefen ausgesprochen selten Unholde durch einsame ländlich-idyllische Landschaften und warteten auf den unwahrscheinlichen Fall, dass ihnen ausgerechnet hier ein Opfer für ihre mörderischen Gelüste vor die Büchse lief. Oder ins Messer. Oder in ihre würgenden Hände. Oder …
Schluss!! Sie würde jetzt einfach weitergehen. Umkehren – welch kleinmütige Anwandlung! – war sowieso zwecklos, sie hatte schon mehr als die Hälfte der Strecke zurückgelegt. Also rasch weiter. Es war kalt und gewiss nicht der richtige Tag, sich durch Herumbummeln zu beweisen, dass sie jederzeit in der Lage war, ihre berufsbedingten Fantasien im Zaum zu halten.

Trotzdem, so dachte sie, als sie die alte Steinbrücke passierte, die am Ende des schmalen, langgezogenen Sees über den zufließenden Bach führte, konnte es nicht schaden, von raschem Gehen auf Power-Walking zu schalten. Schon als Ausgleich und kleines Fitnesstraining zum üppigen Weihnachtskeksekonsum.
Sie begriff erst, dass in der nächsten Hütte ein Licht gebrannt hatte, als es verlöschte. Das Häuschen stand nicht wie die anderen direkt am Wasser, sondern einige Schritte abseits. Im Sommer würde es vom dichten Grün der Hecke versteckt stehen, womöglich war es ihr deshalb früher nie aufgefallen. Es war eine bescheidene Hütte wie in einem Schrebergarten, die Fenster schwarze Höhlen, ihre hölzernen Läden geöffnet und festgehakt. Hinter einem der beiden Fenster hatte ein Licht geschimmert, diesmal war sie ganz sicher, und es war just in dem Moment verlöscht, als sie näher kam. Wohnte hier jemand? Mitten im Winter? Aus dem Schornstein, nur eine mit einem Blechhütchen geschützte Röhre, stieg kein Rauch auf. Diese Hütten im Naturreservat am Seeufer waren einzig zum Tagesaufenthalt für Angler gedacht, doch hier schien tatsächlich jemand zu wohnen. Warum sonst war die junge Fichte nahe der Tür mit einer Lichterkette geschmückt?

Mit einem erleichterten Seufzer ging sie weiter. Ja, sie war erleichtert. Sie gab es zu. Wenn man mit sich selbst nicht ehrlich sein konnte, mit wem dann? Diese weihnachtliche Lichterkette mitten im Wald, an einem einsam gelegenen See, an einem verlassenen Pfad vermittelte beruhigende Normalität. Selbst wenn so ein Glitzerding eigentlich nicht hierher gehörte.

Und plötzlich fiel es ihr ein: eine Zeitschaltuhr. Das war die Erklärung. Was sonst? Dass jemand rasch das Licht gelöscht hatte, als sie sich näherte? Jemand, der sie belauerte? Gar erwartete? Sie hörte sich lachen, halbherzig und atemlos, aber es war ein Lachen. Genau richtig, denn der Gedanke war allzu lächerlich. Niemand wusste, dass sie hier war, und warum … Leider fielen ihr in diesem Moment wieder die drei nächtlichen Telefonanrufe ein, die sie vor einigen Wochen irritiert hatten. Am anderen Ende der Leitung war es stumm geblieben, und sie hatte ärgerlich aufgelegt. Vielleicht wäre sie beunruhigt gewesen, wenn sich das fortgesetzt hätte, aber so hatte sie die Anrufe als Irrläufer eingeordnet und bald vergessen. Bis jetzt.

Das Gehirn war niederträchtig. In Momenten wie diesem kramte es in den dunkelsten Ecken der Erinnerung und zerrte alles Beunruhigende ins Bewusstsein. Ignorieren, dachte sie und eilte weiter, einfach ignorieren.

Wenn hier tatsächlich jemand das Licht löschte, weil sich Schritte näherten, dann höchstens aus dem gleichen Grund, aus dem sie nur halbherzig gelacht hatte. Die Nebelschwaden über dem See wurden zarter und gerieten immer mehr in Bewegung, hier und da war sogar das jenseitige Ufer zu erkennen. Das Wasser sah nun aus, als ob es dampfte, mit den bizarren Gerippen der laublosen Schwarzerlen und dem abgestorbenen Schilf am Ufersaum ein urzeitlicher Anblick. Und jetzt, genau im richtigen Augenblick, klang das Krächzen einer Krähe durch den Dunst. Die Realität bedient Klischees immer noch am gründlichsten.

Der Pfad wand sich direkt am See weiter und um eine Biegung. Sie blickte noch einmal zurück, um zu prüfen, ob das Licht wieder eingeschaltet worden war (wirklich töricht, aber es schadete auch nicht), doch die Hütte war nicht mehr zu sehen. Bevor ihre Gedanken wieder in die falsche Richtung wuchern konnten, zum Beispiel erwägen, ob auch die Hütte nur ein Ausbund ihrer Fantasien war, konzentrierte sie sich energisch auf den plötzlich morastigen Weg.

Aber es war *doch* seltsam. Eine hölzerne Sommerdatscha mitten im Wald mit weihnachtlich geschmücktem Baum und – das vor allem – mit geöffneten Fensterläden. Selbst im Sommer waren die anderen Hütten ver-

rammelt wie vor einem drohenden Hurrikan. Das Vertrauen der Besitzer in die Ehrbarkeit ihrer Mitmenschen schien gering zu sein. Womöglich aus gutem Grund – aber auch das war jetzt gar kein gutes Thema. Nun war es bald geschafft. Noch eine Viertelstunde, höchstens zwanzig Minuten, dann war der See umrundet, und der Pfad führte entlang einer großen Wiese zu dem Ackerweg, der wiederum bei der Dorfstraße endete, wo ihr Auto wartete. Das Dorf war kaum mehr als eine Siedlung, zehn oder zwölf Häuser inmitten von Feldern und Obstwiesen. Dort war der Nebel bei ihrer Ankunft nicht annähernd so dicht gewesen wie hier am See. Die Siedlung hatte verlassen gewirkt, kein Wunder bei diesem Wetter, und auch Menschen in abseits gelegenen Orten verließen am Morgen ihre Häuser, um zur Arbeit zu fahren. In jedem Vorgarten hatte so eine kleine, mit einer Lichterkette geschmückte Fichte gestanden. Wie bei der Hütte im Wald. Allerdings anders als dort hatten die Lichter in den Gärten gebrannt, alle, wenn sie sich richtig erinnerte, und der Ansiedlung ein eigentümlich uniformes Aussehen gegeben.
Nun entfernte der Pfad sich einige Meter vom See und führte an einem Picknickplatz vorbei. Ihr Blick glitt suchend – sichernd? – über das von Gebüsch und

Auwald umfriedete Wiesenstück. Sie wäre besser rasch weitergegangen. Etwas Dunkles, Massiges, halb von der Weißdornhecke am Rande des Platzes Verborgenes schimmerte durch den Dunst. Es war ein Geländewagen, eines dieser hochbeinigen Kraftpakete mit schwarzgetönten Scheiben. Genau so einen hatte sie einige Zeit in ihrem Rückspiegel gesehen, als sie die Stadt verließ, und erneut, als sie von der Schnellstraße abgefahren war, um zu tanken. Der Wagen war nun mal auffällig, sie erinnerte sich auch an das ungewöhnliche QX auf dem Nummernschild, und viele dieser Angeberkutschen gab es nicht. Oder doch?
Sicher war es ein Zufall gewesen, aber sie hatte es amüsant gefunden, dass der Range Rover, dessen Motor über mindestens viermal so viele Pferdestärken verfügte wie der ihres Kleinwagens, nicht längst auf und davon war. Wahrscheinlich hatte der Fahrer unterwegs Kaffee getrunken oder eingekauft. Er würde kaum geduldig hinter ihr hergefahren sein. Aber wieso stand er jetzt *hier*?
Sie lauschte angestrengt. In der Ferne tuckerte ein Trecker, sonst nichts. Doch. Nun knackte er tatsächlich, dieser ewige, in jedem Kriminalroman irgendwann einmal knackende Ast … (*nie* wieder würde sie in ihren Texten einen Ast knacken lassen!!).

Dann hörte sie ein verhaltenes Knurren. Der Hund, ein respektgebietendes großes Tier mit kurzem schwarzem Fell, kam hinter dem Range Rover hervor, verharrte halb geduckt wie vor dem Sprung und starrte sie an. Sie hatte nichts gegen Hunde, sie mochte sie sogar sehr, wenn sie halbwegs handlich waren und freundlich aussahen. Dieses Geschöpf war weder handlich noch freundlich, der Anblick seines Gebisses unter den hochgezogenen Lefzen ließ jede Überlegung, ob er womöglich nur ein Ausbund ihrer Fantasien war, gar nicht erst aufkommen.

Alphatier, dachte sie hektisch, ich muss ihm nur zeigen, wer von uns beiden das Alphatier ist: ICH. Aber wie? Nicht in die Augen sehen, das fasst ein Hund als Kampfansage auf, so hatte sie kürzlich irgendwo gelesen. Und auf keinen Fall …
Alles überflüssig. Plötzlich hob das Tier den Kopf, als lausche es einem Befehl, legte sich abrupt auf die Erde, den schweren Kopf auf die Vorderpfoten, und winselte ergeben. Da war nichts zu hören gewesen, kein Pfiff, kein Befehl, nichts, und erst recht niemand zu sehen. Vielleicht hinter den geschwärzten Scheiben des Range Rover …
Verschwinde, flüsterte es in ihrem Kopf, egal wer oder was hier ist oder nicht hier ist – hau endlich ab!
Sie erreichte das Dorf ziemlich atemlos. Schon beim Anblick der ersten Häuser schwand alles Unbehagen, lösten sich alle bedrohlichen Fantasien und Gedanken auf wie die Nebelschwaden in der nun winterlich matten, doch endlich siegenden Sonne. Und da stand ihr Auto. Es war nur eine Maschine, in diesem Moment jedoch erschien es als ein vertrauter, ein heimatlicher Ort wie ein Kokon.
Die im feuchten Grund direkt neben ihrem Wagen tief eingedrückten Radspuren, eindeutig überbreit wie von einem Range Rover, registrierte sie amüsiert. Reifen-

spuren eben. Aus jeder Alltäglichkeit ließ sich ein Geheimnis oder gar eine Bedrohung konstruieren. Aber so war das reale Leben nicht, zum Glück. Ein langer Spaziergang um einen einsamen See war nur ein langer Spaziergang um einen einsamen See. Sogar im Dezembernebel. Punktum.

Wieder zurück an ihrem Schreibtisch, ging die Arbeit endlich voran. Als sei ein Knoten gelöst, ein Pfropfen herausgezogen. Auch schlief sie in der folgenden Nacht ausgezeichnet und erwachte in heiterer, beinahe übermütiger Stimmung. Die verging erst, als sie die Zeitung aufschlug.
„Jagdunfall oder Mord?“, las sie. „Unbekannter Toter in einem Waldstück nahe dem See gefunden. Sachdienliche Hinweise …“

Georgia Stöckmann

Morgen, Kinder, wird's was geben

„Holst du Oma ab? Du kannst auch mein Auto nehmen." Diese Worte meines Vaters leiteten das Weihnachtsfest ein, an dem ich die wichtigste Lektion meines Lebens lernte.

Ich war gerade achtzehn geworden, hatte seit ein paar Tagen den Führerschein, und die Vorstellung, den Nobelschlitten meines Vaters fahren zu dürfen, versüßte mir jede noch so unangenehme Aufgabe.

Nicht dass ich meine Oma nicht mochte. Als kleiner Junge lief ich immer zu ihr, wenn ich etwas auf dem Herzen hatte. Oma war ein Mensch, der Rat wusste, Probleme direkt beim Schopfe packte und immer eine Lösung fand. Aber achtzig Jahre Leben hatten sie gebeugt und der Kopf wollte nicht mehr so recht. Genauer gesagt war sie leider völlig senil, aber ich liebte sie trotzdem.

Es war das Altenheim, vor dem es mir grauste. Natürlich war es nicht eine dieser Kasernen, wo die Leute in Metallbetten angeschnallt wurden. Mein Vater ließ

sich nicht lumpen und hatte Oma in einem sehr komfortablen Seniorenstift untergebracht. Aber der helle Marmorfußboden machte die schlurfenden Schritte nicht freudiger und die aufgestellten Blumenbouquets überdeckten die beißenden Gerüche von Urin und Desinfektionsmittel nur schlecht. Ich schlug den Kragen meiner Jacke hoch und eilte durch die Empfangshalle hinauf in den zweiten Stock, vorbei an faltigen Gesichtern mit erloschenen Augen.
Meine Oma saß in ihrem Zimmer vor dem Fernseher. Eine Weihnachtsshow verbreitete Frohsinn und Oma sang voller Begeisterung mit:

Morgen, Kinder, wird's was geben,
morgen werden wir uns freun!
Welch ein Jubel, welch ein Leben
wird in unserm Hause sein.
Einmal werden wir noch wach,
heissa, dann ist Weihnachtstag!

Ich schüttelte den Kopf über solchen Kitsch. Das ganze Getue mit den frommen Wünschen hatte ich schon längst abgeschrieben. Es gab Probleme im Leben, gegen die man machtlos war. Oma bemerkte mich erst, als ich den Arm um ihre Schultern legte. Ihre hinter der

Brille eulenhaft großen Augen musterten mich eingehend. Dann strahlte sie: „Mein Junge."
„Komm, lass uns fahren."
Oma zog ihre Stirn in Falten wie eine Ziehharmonika und machte keine Anstalten, aufzustehen.
„Es ist Weihnachten", erinnerte ich sie. Jetzt nickte sie bedächtig. „Ja, Weihnachten. Kennst du das Lied noch?"
„Ja, klar, Oma, aber jetzt lass uns gehen", sagte ich und stand auf. Oma blieb sitzen und wiegte den Kopf im Takt der Musik. „Das Lied hat deine Mama immer so gern gesungen."
„Ich weiß." Ich half Oma auf die Beine. Meine Mutter war vor fast zehn Jahren während eines Segeltörns ertrunken.
„Sie hatte eine Spieluhr, die das Lied spielte", murmelte Oma und summte die Melodie weiter, während sie sich eine dünne Blumenjacke über ihren Pullover zog. Unwillig ließ sie es zu, dass ich ihr einen Wintermantel um die Schultern legte. Den kleinen Koffer hatte die Altenpflegerin schon gepackt und an die Tür gestellt.
„Komm jetzt." Ich hatte es eilig, ich musste mir dringend in der Apotheke ein paar Tabletten besorgen gegen das kloßige Gefühl, das sich plötzlich in meinem Hals breitmachte.

Das wurde aber auch Zeit!", blaffte uns die fiese Anke schon an der Tür an, als wir nach zwei Stunden ausgiebiger Stadtrundfahrt zu Hause ankamen. „So schnell kriegst du die Autoschlüssel nicht mehr in die Hände. Dafür werde ich sorgen." Sie stapfte durch den Flur, ohne Oma eines Blickes zu würdigen. Ich streckte ihr die Zunge heraus. Oma kicherte und tat es mir nach. Die fiese Anke war die zweite Frau meines Vaters. Wir beide konnten sie nicht leiden.

Beim Mittagessen beschwerte sich die fiese Anke bei Papa über meine Spritztour. „Er verprasst einfach deinen Sprit und du lässt wieder alles durchgehen."

Ich pikste eine Kartoffel auf die Gabel und stellte mir vor, es sei das Herz der fiesen Anke. Seit sie sich vor sechs Jahren bei uns eingenistet hatte, überlegte ich mir jeden Tag aufs Neue, wie ich sie loswerden könnte.

„Lass gut sein, es ist Weihnachten. Sicher wollte er Oma nur zeigen, wie gut er Auto fahren kann", beschwichtigte mein Vater.

Anke schnaufte wie ein Zombie in einem Horrorfilm und durchbohrte Oma mit Blicken. Die hatte aus ihren Kartoffeln eine gelbe Pampe geknetet und war nun dabei, die Bratwurststückchen aufzutürmen. Dabei kullerten etliche auf den Tisch. Leise kicherte sie vor sich hin.

„Großer Gott, nun schaut euch diese Sauerei an!“, stöhnte Anke auf. „Also bevor ich so alt werde, möchte ich lieber tot sein.“
Schön, wenn's bald so weit wäre, dachte ich und zerteilte die Bratwurst auf meinem Teller mit einem sauberen Schnitt.
„Wo wir gerade bei *tot* sind“, schnappte Anke in meine Richtung. Ich vermied es, sie anzuschauen, und erstach stattdessen eine weitere Kartoffel.
„Ich wünsche, dass du heute noch dieses schäbige Radio aus dem Bad entfernst. Ich habe immer Angst, dass das Ding mal vom Regal kippt, wenn ich bade, und mir den Garaus macht.“
Gute Idee, dachte ich und antwortete mürrisch: „Kann es nicht, ich habe es gut festgeschraubt.“
„Das ist mir egal, ich finde es ekelhaft. Schaff es mir aus den Augen oder ich werfe es weg.“
„Gar nichts wirst du! Es ist von meiner Mutter.“ Ich stieß meinen Teller beiseite. „Aber ich werde es abmachen, dann hast du Ruhe. Noch für die nächsten drei Jahre.“
Eigentlich hatte ich mir noch nie Gedanken darüber gemacht, was geschehen würde, wenn ich in drei Jahren das Erbe meiner Mutter anträte. Außer dass ich mir den neuesten Sportwagen kaufen würde. Aber die Wirkung meiner Worte auf Anke war enorm. Sie

erstarrte und in ihrem Gesicht spiegelten sich Angst und Hass gleichermaßen.
„Malte“, griff Papa beschwichtigend ein, „beruhige dich. Oma ist ganz verstört, wenn du so rumbrüllst.“
Ich streifte Oma mit einem kurzen Blick. Mir schien sie nicht verstört – sie saß kerzengerade auf ihrem Stuhl und hörte aufmerksam zu.
„Lasst mich doch alle in Ruhe!“, schrie ich und knallte die Tür hinter mir zu.
Ich war immer noch wütend, als ich wenig später das Radio abmontierte. In dem eleganten, grau gefliesten Bad wirkte das alte Gerät – nicht allzu groß und ziemlich schäbig – wie ein Fremdkörper.
Aber ich liebte es, mich schon morgens mit Musik in voller Lautstärke zu beschallen. So hörte ich wenigstens die Stimme der fiesen Anke nicht.
Ich hatte das Radio so fest an die Wand geschraubt, dass ich sogar die Dübel mit herausreißen musste. Mit Genugtuung betrachtete ich die zwei großen Löcher im Putz. Dann zog ich den Stecker aus der Steckdose neben dem Waschbecken und brachte das Radio in mein Zimmer. Hier stand die große Kiste, in der meine Mutter früher ihre Segelausrüstung verstaut hatte und in der ich nun all die Sachen aufbewahrte, die mich an meine Kindheit erinnerten – und an meine Mutter. Als

ich das Radio einpackte, stieß ich die Spieluhr an, die dadurch zum Leben erwachte und ein paar Takte von „Morgen, Kinder, wird's was geben" spielte. Schnell klappte ich den Deckel der Kiste zu und schob mir eine Halstablette in den Mund. Dieses komische Gefühl in meiner Kehle wurde ich heute überhaupt nicht los.

Von unten aus dem Wohnzimmer hörte ich Anke. Sie redete auf meinen Vater ein.

„Wir werden sie entmündigen. Dann hast du wenigstens für drei Jahre das Sagen über das ganze Geld."

„Ich weiß nicht, ob das klappt. Meine Schwiegermutter ist doch bloß ein bisschen schusselig."

„Ach was, sie ist nicht zurechnungsfähig. Stell dir vor, sie gibt Malte ihren Anteil schon früher. Dann sehen wir aber alt aus."

„Ich glaube nicht, dass er uns schaden würde."

„Du Traumtänzer! Du hast doch gehört, was er beim Essen gesagt hat. Morgen kommt ein guter Freund von mir. Er ist Anwalt beim Vormundschaftsgericht."

Mein Vater schwieg. Ich hoffte so sehr, er würde Anke endlich einmal in die Schranken weisen. Aber er schwieg, und sein Schweigen fuhr mir so heftig in die Magengrube, dass ich mich vor Schmerz krümmte.

„Ist dir nicht gut, Junge?" Oma stand plötzlich hinter mir.

„Ach, schon in Ordnung“, antwortete ich und richtete mich auf.
„Wachstumsschmerzen“, sagte sie und kniff mich in die Wange. Ich hoffte immer noch, dass Papa sich Ankes Plänen widersetzen würde. Aber unten fiel nur die Tür ins Schloss – mein Vater war gegangen. Oma stand neben mir und sang mir ins Ohr:

„Wie wird dann die Stube glänzen
von der großen Lichterzahl!
Schöner als bei frohen Tänzen
ein geputzter Kronensaal.
Wisst ihr noch, wie's vor'ges Jahr
an dem heil'gen Abend war?“

„Wieso gibt es hier keinen Tannenbaum?“, fragte sie unvermittelt.
„Den kauft Papa erst ganz kurz vor dem Fest. Dann ist er billiger, meint Anke.“
„Ja, ja, der tut nur, was man ihm sagt“, murmelte Oma bedächtig und ging ins Bad. „Solange mache ich mich schön“, sagte sie und malte sich mit einem von Ankes Lippenstiften so hingebungsvoll die Lippen rot, dass es mir beinahe die Tränen in die Augen trieb. Selbst einem weniger widerlichen Menschen als Anke musste auf-

fallen, dass Oma geistig nicht mehr auf der Höhe war. Sie tat mir so Leid, und ich drückte ihr einen Kuss auf die Wange, mitten in die weichen Falten, die nach Lavendelwasser und Hautcreme dufteten. Dabei räumte ich das Brett mit Ankes Kosmetiktiegeln und Glasfläschchen ab, die mit lautem Klirren auf dem Boden zerbrachen. Oma lächelte und fuhr sich weiter mit dem Lippenstift um den Mund herum.

Ich stürmte die Treppen hinunter. Jetzt gab es nur einen Menschen, zu dem ich wollte: meine Freundin Katrin. Unten im Flur stieß ich mit Anke zusammen. Ich strafte sie mit einem verächtlichen Blick und rannte aus dem Haus.

In Katrins Familie tobte das Weihnachtschaos. Vater Braun kämpfte mit dem Tannenbaum, Mutter Braun packte die letzten Geschenke ein, und Katrins kleine Brüder polterten alle drei Minuten ins Zimmer, um zu fragen, wann endlich Bescherung sei. Keine Chance für traute Zweisamkeit und so setzten wir uns an den großen Küchentisch und spielten mit den beiden Kleinen Malefiz. Nach und nach kamen alle in der Küche zusammen, knabberten Kekse, spielten, plauderten und fingen Katrins kleine Brüder wieder ein, die immer wieder in den Garten liefen, um zu sehen, ob der Weihnachtsmann endlich käme.

Als die Bescherung näher rückte, verabschiedete ich mich schweren Herzens.
„Bleib doch bei uns", sagte Katrins Mutter. „Ich rufe bei dir zu Hause an."
Ich nickte dankbar und ignorierte mein schlechtes Gewissen, das mir sagte, ich könne Oma doch nicht mit der fiesen Anke und meinem waschlappigen Vater alleinlassen.
Katrins Mutter rief bei mir zu Hause an. Als sie zurückkam, war sie leichenblass. „Malte", sagte sie tonlos, „es ist etwas Schreckliches passiert."
Frau Braun gab sich alle Mühe, mir so schonend wie möglich beizubringen, dass Anke tot war. Obwohl ich mir in den letzten sechs Jahren tausendmal diesen Moment ausgemalt hatte, war ich jetzt wie erstarrt und brachte kein Wort über die Lippen.
Katrins Vater fuhr mich nach Hause. Schon von Weitem sah ich, dass unser Haus nicht in Festtagsbeleuchtung erstrahlte. Ein Polizeiauto und ein Leichenwagen parkten neben Vaters Limousine und der Notarzt fuhr gerade wieder ab. Im Wohnzimmer stand mein Vater mit einem breitschultrigen Mann zusammen, der sich als Hauptkommissar Schroeder vorstellte.
„Was ist passiert?", fragte ich und meine Stimme zitterte vor Anspannung.

Mein Vater kam auf mich zu. „Anke wollte baden und hat sich wohl über dein Radio geärgert. Du wolltest es doch wegräumen. Sie hat es abgerissen und dabei ist es ins Wasser gefallen."
„Das ist Ihre Version", unterbrach ihn Hauptkommissar Schroeder, und es war nicht zu überhören, dass er meinem Vater kein Wort glaubte. Ich lief ins obere Stockwerk. Vor dem Badezimmer versperrten mir zwei Beamte von der Spurensicherung den Weg, aber durch

die geöffnete Tür sah ich Ankes mit einem weißen Tuch bedeckten Leichnam und Mutters altes Radio, das im Badewasser lag.

„Jemand hat das Radio um siebzehn Uhr vom Regal ins Badewasser gestoßen. Dabei gab es einen Kurzschluss und der Strom ist ausgefallen. Wir können die Tatzeit anhand der Uhren einiger elektrischer Geräte ziemlich genau eingrenzen. Näheres wird erst die Obduktion ergeben, aber ich wüsste trotzdem gern, wo Sie zur fraglichen Zeit waren." Hauptkommissar Schroeder stand hinter mir und wartete auf eine Antwort.

„Ich war bei meiner Freundin. Katrin Braun."

Schroeder notierte sich den Namen, und Katrins Vater bestätigte, dass ich den ganzen Nachmittag bei ihnen gewesen war. Schroeder nickte zufrieden. Bei Vaters Alibi – er habe noch einen Weihnachtsbaum gekauft und sei dann ins Büro gefahren, weil er dort sein Handy vergessen habe – zog der Kommissar nur skeptisch die Augenbrauen hoch.

„Meine Schwiegermutter kann Ihnen bestätigen, wann ich wiedergekommen bin."

„Die alte Dame wusste nur, dass es plötzlich dunkel wurde, und sie meint, es sei tief in der Nacht", entgegnete Schroeder kühl. Es klang wie eine Kampfansage.

Er bestand darauf, dass wir ihn zum Präsidium begleiteten, weil er unsere Aussagen zu Protokoll nehmen müsse. Oma lag schlafend in ihrem Bett, sodass wir es riskieren konnten, sie allein zu lassen.
Kaum hatten wir in seinem Büro Platz genommen, traktierte Schroeder mich mit Fragen über das Familienleben in unserem Haus. Ich duckte mich wie ein Hund bei Gewitter und versuchte, keinen Zweifel daran zu lassen, dass mein Vater ein harmloser Mensch, Anke etwas aufbrausend und ich ein unauffälliger Zeitgenosse war – kurz, eine normale, harmonische Familie wie viele andere auch. Dabei kreisten meine Gedanken nur um eine Frage: Wer hatte das Radio aus meinem Zimmer geholt, angeschlossen und in die Badewanne geworfen? Sich an Anke anzuschleichen, wenn sie badete, war kein Problem, denn sie legte Kompressen auf die Augen und steckte sich Ohrstöpsel in die Ohren. „Meditationsbad", hatte sie das genannt.
Schroeder fand meine Aussagen und mein Verhalten eher verdächtig denn überzeugend. Das Ergebnis war, dass er meinen Vater wegen dringenden Tatverdachts vorläufig festnahm, während er mich widerwillig von einem Beamten nach Hause bringen ließ.
Wir fuhren durch die weihnachtlich geschmückte Stadt. Hinter den Fenstern leuchteten geschmückte

Tannenbäume, und ich sah Menschen, die sich unterhielten und lachten.

„Morgen, Kinder, wird's was geben", tönte es aus dem Autoradio. Ich bekämpfte das schmerzende Drücken in meinem Hals mit einer weiteren Halstablette. „Ist heute nicht das Richtige für Sie", bemerkte der junge Beamte und hielt vor unserem Haus. Ich war froh, ihm nicht mehr antworten zu müssen. Er wartete noch, bis ich meine Schlüssel hervorgekramt hatte, dann wendete er und fuhr davon. Ich öffnete die Tür und hoffte, dass Oma immer noch schliefe.

Aber aus dem Wohnzimmer fiel ein gelber Lichtschein in den Flur. Ich drückte vorsichtig die Tür auf. Drinnen glitzerten Kugeln und Kerzen auf der windschiefen Tanne, die mein Vater gekauft hatte. Davor stand die Spieluhr meiner Mutter. Der Engel auf dem Deckel drehte sich zur Melodie von „Morgen, Kinder, wird's was geben". Jetzt halfen auch keine Halstabletten mehr gegen das kloßige Gefühl in meinem Hals – ich weinte.

Die Spieluhr im Arm, machte ich mich auf die Suche nach Oma.

In der Küche roch es nach Braten, Rotkohl und Kartoffeln. Oma hantierte am Herd und wünschte mir „frohe Weihnachten", als sie mich sah.

„Hast *du* das gekocht? Ich meine, allein?“, fragte ich erstaunt.
„Wer soll mir geholfen haben – der große Unbekannte?“, entgegnete Oma und kniff mich in die Wange. „Du denkst wohl auch, ich wäre verrückt im Kopf? Ich bin ein bisschen vergesslich und in meinem Alter gilt man dann schnell als senil.“ Sie tippte sich mit dem Zeigefinger gegen die Stirn. „Aber das hat auch sein Gutes. So kann man all die Dinge tun, die man sich sonst nie trauen würde.“ Geschickt schob sie den Stecker des elektrischen Messers in die Steckdose.
„Weißt du nicht, dass Anke tot ist?“
„Doch“, kam es knapp von Oma zurück.
„Die Polizei hat Papa dabehalten. Sie glauben, er hätte Anke umgebracht.“
„Ach, der kommt bald wieder raus. Es war ein Unfall, das sieht doch jeder. Aber ein paar Tage allein in einer Zelle tun ihm ganz gut. Da kann er mal darüber nachdenken, dass erwachsene Menschen nicht tatenlos zusehen, wie ihnen die Probleme über den Kopf wachsen.“ Ich wurde rot wie eine Christbaumkugel. Tatenlos zuschauen, hoffen, dass morgen wie geschenkt alles besser würde, das beherrschte auch ich perfekt. Die Spieluhr in meiner Hand klimperte unermüdlich ihr Lied. Auch ich hatte nichts getan, als Anke mit mei-

nem Vater über Omas Entmündigung sprach, und während des Verhörs hatte ich mich nicht besser geschlagen.

„Oma", fragte ich, einem plötzlichen Gedanken folgend, „du hast doch nicht etwa was mit Ankes Tod zu tun?"

Aber Oma quittierte meine dumme Frage nur mit einem nachsichtigen Lächeln und sang leise zur Musik der Spieluhr mit:

Welch ein schöner Tag ist morgen!
Neue Freude hoffen wir.
Unsre guten Eltern sorgen
lange, lange schon dafür.
O gewiss, wer sie nicht ehrt,
ist der ganzen Lust nicht wert.

John Collier

Weihnachten wieder hier

„Doktor", sagte Major Sinclair. „Weihnachten wollen wir Sie aber bestimmt wieder hier haben." Carpenters Wohnzimmer war voll von Freunden, die zum Tee gekommen waren, um dem Doktor und seiner Frau ein letztes Lebewohl zu sagen.
„Er wird wieder hier sein", sagte Mrs Carpenter. „Ich verspreche es Ihnen."
„Ganz sicher ist es nicht", sagte Dr. Carpenter. „Obwohl ich natürlich nichts lieber täte."
„Aber Sie haben doch nur einen Dreimonatsvertrag für Ihre Vorträge", sagte Mr Hewitt.
„Es könnte ja was dazwischenkommen", sagte Dr. Carpenter.
„Ganz gleich, was passiert", sagte Mrs Carpenter mit strahlendem Lächeln, „Weihnachten ist er wieder in England, das dürfen Sie mir glauben."
Alle glaubten es. Sogar der Doktor selbst glaubte es beinahe. Seit zehn Jahren hatte sie ihn den Leuten zu Abendgesellschaften, Gartenfesten, Komiteesitzungen

und wer weiß was noch versprochen und all diese Versprechen waren gehalten worden.
Man begann sich zu verabschieden. Komplimente über das wunderbare Organisationstalent der lieben Hermione wurden geflötet. Carpenters würden heute Abend mit dem Wagen nach Southampton fahren und morgen an Bord gehen. Keine Eisenbahnfahrt, keine Hetzerei, bis zur letzten Minute alles bestens geregelt. Wirklich, der Doktor wurde glänzend versorgt. Und in Amerika würde er großen Erfolg haben. Besonders wenn Hermione sich um alles kümmerte. Und ihr war die schöne Reise auch zu gönnen. Sie würde die Wolkenkratzer sehen – so etwas gab es in Little Godwearing nicht. Aber sie musste bestimmt dafür sorgen, dass er wiederkam.
„Ja, ich werde dafür sorgen, darauf können Sie sich verlassen." Dass er sich nicht etwa überreden ließ, seinen Aufenthalt zu verlängern oder gar einen fabelhaften Posten an einer superamerikanischen Klinik anzunehmen! Er wurde hier im Krankenhaus notwendig gebraucht. Und Weihnachten musste er wieder hier sein. „Ja", rief Mrs Carpenter den letzten abziehenden Gästen nach, „ich werde dafür sorgen. Weihnachten ist er wieder hier."
Die letzten Arbeiten, bevor das Haus verschlossen wurde, waren bald erledigt. Nachdem die Mädchen

das Teegeschirr abgewaschen hatten, kamen sie herein, um sich zu verabschieden, gerade rechtzeitig, um den Nachmittagsbus nach Devizes zu erreichen.

Nun blieben nur noch die allerletzten Kleinigkeiten zu tun: Türen abschließen, alles sauber und ordentlich hinterlassen. „Geh nach oben und zieh den braunen Tweedanzug an“, sagte Hermione. „Mach die Taschen von diesem Anzug leer, bevor du ihn in den Koffer packst. Alles Übrige mache ich schon. Sieh nur zu, dass du mir nicht im Weg bist.“

Der Doktor ging nach oben und zog seinen Anzug aus, aber statt des braunen Tweedanzugs zog er einen schmutzigen alten Bademantel an, den er aus dem Hintergrund seines Schrankes hervorgeholt hatte. Dann, nachdem er einige kleine Vorbereitungen getroffen hatte, beugte er sich übers Treppengeländer und rief seine Frau: „Hermione! Hast du einen Augenblick Zeit?“

„Natürlich, Schatz. Ich bin gerade fertig.“

„Dann komm doch bitte mal herauf. Ich muss dir etwas sehr Sonderbares zeigen.“

Hermione kam sofort herauf. „Aber, mein Lieber, was soll denn das?“, rief sie, als sie ihren Mann sah. „Warum läufst du denn in dem dreckigen alten Ding herum? Ich habe dir schon vor langer Zeit gesagt, du sollst es verbrennen.“

„Kannst du mir vielleicht sagen", fragte der Doktor, „wer eine goldene Kette in den Badewannenabfluss geworfen hat?"
„Niemand natürlich", sagte Hermione. „Bei uns trägt niemand so etwas."
„Wie kommt es dann da hinein?", sagte der Doktor. „Nimm die Taschenlampe. Wenn du dich richtig vorbeugst, kannst du sie da ganz unten schimmern sehen."
„Wahrscheinlich so ein billiges Armband, das eins von den Mädchen verloren hat", sagte Hermione, „Was sollte es sonst sein?" Aber sie nahm die Taschenlampe, beugte sich über die Wanne und spähte, die Augen zusammenkneifend, in den Abfluss. Der Doktor hob ein kurzes Bleirohr, schlug zwei- bis dreimal sehr kräftig und präzise zu, hob die Leiche bei den Knien an und ließ sie in die Wanne fallen.
Dann warf er den Bademantel ab; nackt wie Adam wickelte er die in ein Handtuch verpackten Instrumente aus und legte sie ins Waschbecken. Nachdem er den Fußboden mit Zeitungspapier ausgelegt hatte, wandte er sich wieder seinem Opfer zu.
Sie war tot, natürlich. Scheußlich zusammengekrümmt, als setzte sie zu einem Salto an, lag sie am einen Ende der Wanne. Er stand sehr lange da und sah sie an und dachte gar nichts. Erst der Anblick des

vielen Blutes brachte seinen Geist wieder in Bewegung.
Er zog und rückte so lange an ihr herum, bis sie ausgestreckt in der Wanne lag. Dann zog er sie aus, was in der engen Badewanne keine leichte Arbeit war, aber schließlich hatte er es geschafft. Er drehte die Wasserhähne auf und das Wasser rauschte in die Wanne. Nach einem Weilchen floss es spärlicher, dann versiegte es ganz, und das letzte bisschen gurgelte den Abfluss hinunter.
„Großer Gott!", sagte er. „Sie hat den Haupthahn abgestellt."

Es blieb ihm nichts anderes übrig, als in den Keller zu gehen. Der Doktor wischte hastig die Hände an einem Handtuch ab, öffnete mit einem sauberen Handtuchzipfel die Badezimmertür, warf das Handtuch auf den Schemel und lief barfüßig, leicht wie eine Katze, hinunter. Die Kellertür befand sich in einer Ecke der Diele, unter der Treppe. Er wusste genau, wo der Absperrhahn war, und das hatte seine Gründe: Er hatte sich nämlich in letzter Zeit da unten zu schaffen gemacht – weil er einen Weinverschlag machen wollte, wie er Hermione gesagt hatte. Er stieß die Kellertür auf, ging die steilen Stufen hinunter und fand den Hahn gerade noch, ehe die Tür zufiel und es im Keller pechfinster wurde. Nachdem er das Wasser wieder angestellt hatte, tastete er sich an der schmutzigen Mauer entlang und zurück zu den Stufen. Er wollte gerade hinaufsteigen, als es klingelte.

Der Doktor nahm dieses Klingeln kaum als Geräusch wahr. Er fühlte es wie ein spitzes Eisen, das sich vom Magen aus langsam immer höher bohrte, bis es sein Gehirn erreichte. Dann zerbrach etwas in ihm. Er warf sich auf den mit Kohlenstaub bedeckten Boden und sagte: „Ich bin erledigt. Ich bin erledigt. Jetzt *darf* niemand kommen“, sagte er. Dann hörte er sein eigenes Keuchen und sagte sich: „Nimm dich zusammen.“

Allmählich kam er wieder zu sich. Er stand auf und als es noch einmal klingelte, verursachte der Ton ihm kaum noch einen Schmerz. „Sie werden schon wieder weggehen“, sagte er. Dann hörte er die Vordertür aufgehen. „Ist mir egal“, sagte er. Seine Schulter hob sich wie bei einem Boxer, der sein Gesicht schützen will. „Ich geb's auf“, sagte er.
Er hörte jemand rufen. „Herbert! Hermione!“ Es waren die Wallingfords. „Zum Teufel mit ihnen! Einfach so hereinzuplatzen, wenn man es eilig hat wegzukommen und noch dazu splitternackt ist! Und ganz voll Blut und Kohlenstaub! Ich bin erledigt. Es ist aus. Ich schaffe es nicht.“
„Herbert!“
„Hermione!“
„Wo können sie bloß sein?“
„Der Wagen ist da.“
„Vielleicht sind sie auf einen Sprung zu Mrs Liddell gegangen.“
„Wir müssen sie noch sehen.“
„Oder vielleicht zum Einkaufen. Vielleicht ist ihnen in letzter Minute noch was eingefallen.“
„Das sieht Hermione nicht ähnlich. Horch mal! Klingt das nicht, als ob jemand badet? Soll ich rufen? Oder an die Tür bummern?“

„Scht! Lieber nicht. Das wäre nicht sehr taktvoll."
„Ach was, rufen kann nichts schaden."
„Nein, Schatz. Wir werden auf dem Rückweg noch mal hereinschauen. Vor sieben fahren sie nicht ab, hat Hermione gesagt. Sie wollen unterwegs essen, in Salisbury."
„Na schön, wenn du meinst. Aber ich muss noch mit Herbert auf seine glückliche Wiederkehr anstoßen. Sonst wäre er gekränkt."
„Wir werden uns beeilen. Gegen halb sieben können wir wieder hier sein."
Der Doktor hörte sie hinausgehen und die Vordertür leise hinter sich schließen. Er dachte: „Halb sieben. Das kann ich schaffen."
Er ging durch die Diele zur Vordertür und schob den Riegel vor. Dann stieg er hinauf, nahm seine Instrumente aus dem Waschbecken und erledigte, was er zu tun hatte. Wieder mit dem Bademantel bekleidet, trug er die in Handtücher oder Zeitungspapier gewickelten und säuberlich mit Sicherheitsnadeln zugesteckten Pakete, eines nach dem anderen, in den Keller. Er verstaute sie sorgfältig in dem engen, tiefen Loch, das er in der Kellerecke ausgehoben hatte, schaufelte es zu und bedeckte das Ganze mit Kohlenstaub. Er vergewisserte sich, dass alles in Ordnung war, und ging

wieder hinauf. Dort säuberte er erst das Bad, dann sich selbst und dann das Bad noch einmal. Nachdem er sich angezogen hatte, schaffte er die Kleidung seiner Frau und seinen Bademantel hinunter und warf sie in den Abfallverbrennungsofen.
Er rückte hier und dort noch etwas zurecht, dann war alles in Ordnung. Es war erst Viertel nach sechs. Die Wallingfords würden, wie immer, zu spät kommen; er brauchte jetzt nur in den Wagen zu steigen und abzufahren. Schade, dass er nicht warten konnte, bis es dunkel war, aber er konnte ja einen Umweg machen, um die Hauptstraße zu vermeiden, und selbst wenn er allein im Wagen gesehen wurde, würden die Leute sich nichts dabei denken, sondern glauben, Hermione wäre aus irgendeinem Grund vorausgegangen.
Trotzdem war er froh, als er schließlich völlig unbemerkt die Landstraße erreicht hatte und in die sinkende Dämmerung hineinfuhr. Er musste sehr vorsichtig fahren, denn er merkte, dass er keine Entfernungen schätzen konnte und abnorm langsam reagierte, aber das war Nebensache. Als es ganz dunkel war, erlaubte er sich auf der Höhe der Downs anzuhalten, um nachzudenken.
Was für ein herrlicher Sternenhimmel! Unten in der Ebene konnte er die Lichter von ein paar kleinen Ort-

schaften erkennen. Er hätte vor Freude jauchzen mögen. Was nun kam, war alles ganz einfach, und in Chicago wartete Marion, die ihn bereits für einen Witwer hielt. Seine Vorträge konnte er mit irgendeiner Ausrede absagen. Er brauchte sich nur noch in einer aufblühenden, abgelegenen, amerikanischen Stadt niederzulassen, dann war er für immer in Sicherheit. Natürlich, die Koffer mit Hermiones Kleidung – aber die konnte er durch die Kabinenluke werfen. Gott sei Dank, dass sie ihre Briefe mit der Schreibmaschine schrieb – solche Kleinigkeiten wie handgeschriebene Briefe konnten alles vereiteln. „Aber das ist es eben“, sagte er. „Sie war immer auf Draht, eine tüchtige Frau in jeder Beziehung. Mit allem wurde sie fertig – bis sie sich selber fertig gemacht hat – das verwünschte Weib! Kein Grund zur Aufregung“, dachte er. „Ich werde für sie ein paar Briefe schreiben, mit der Zeit immer weniger. Ich werde selber schreiben: Bald komme ich zurück, noch ein bisschen Geduld – und nie wird es klappen. Das Haus werde ich für dieses Jahr behalten, dann für das nächste und dann fürs übernächste; die Leute werden sich dran gewöhnen. Könnte sogar in ein oder zwei Jahren allein zurückkommen und alles ordnungsgemäß regeln. Nichts leichter als das. Aber nicht zu Weihnachten!“ Er ließ den Motor an und fuhr weiter.

In New York fühlte er sich endlich frei, wirklich frei. Er war in Sicherheit. Er konnte mit Vergnügen – wenigstens mit einem gewissen Vergnügen, etwa wenn er sich nach dem Essen seine Zigarette anzündete – an die Minuten zurückdenken, als er im Keller auf die Klingel, die Tür, die Stimmen gehorcht hatte. Er konnte sich auf Marion freuen.
Als er durch die Hotelhalle schlenderte, winkte der Empfangschef ihm lächelnd mit einigen Briefen. Es war die erste Post aus England. Nun, was war schon dabei? Es würde Spaß machen, ein paar Briefe in Hermiones biederem Stil herunterzuklappern und ihre verschnörkelte Unterschrift darunter zu setzen, allen Freunden zu berichten, dass sein erster Vortrag ein Bombenerfolg gewesen sei, dass er von Amerika begeistert sei, aber Weihnachten bestimmt wieder zu Hause sein werde. Dass diese Rückkehr zweifelhaft war, konnte man später einfließen lassen.
Er durchflog den Briefstapel. Die meisten waren für Hermione. Von Sinclairs, von Wallingsfords, vom Vikar und ein Geschäftsbrief von Holt & Söhne, Bauunternehmer und Dekorateur.
Er stand mitten in der Halle, die Vorübergehenden streiften ihn. Er riss die Umschläge mit dem Daumen auf, las hier eine Stelle und da eine Stelle und lächelte.

Alle sahen seiner Rückkehr zu Weihnachten zuversichtlich entgegen. Sie vertrauten auf Hermione. „Da irren sie sich ganz gewaltig“, sagte der Doktor. Zuletzt öffnete er den Brief des Bauunternehmers. Wahrscheinlich eine Rechnung. Er las:

Sehr geehrte, gnädige Frau,
wir danken Ihnen bestens für Ihre freundliche Zustimmung zu unserem nachstehenden Kostenanschlag sowie die Übersendung des Schlüssels.
Wir versichern Ihnen nochmals, dass wir Ihren Auftrag umgehend ausführen werden, sodass die bauliche Veränderung als Weihnachtsgeschenk zurechtkommt.
Wir werden noch in dieser Woche mit den Arbeiten anfangen.

1 eingelassenen Weinverschlag im Keller ausschachten,
mauern und ausfüttern unter Verwendung besten Materials
nebst Ausbesserungsarbeiten, wie besprochen ... £ 18

Mit vorzüglicher Hochachtung

Paul Holt & Söhne

Quellen

Oliver Bottini, Ausgeknipst.
Aus: Jan Seghers, Der Tod hat 24 Türchen. Ein mörderischer Adventskalender.
© 2008 Rowohlt Verlag GmbH, Reinbek bei Hamburg

Rosemarie Brilmayer, O du schäbige.
© bei der Autorin

John Collier, Weihnachten wieder hier.
Aus: John Collier, Blüten der Nacht. Ins Deutsche übersetzt von Susanna Rademacher.
© 1977 Rowohlt Verlag GmbH, Reinbek bei Hamburg

Hans Koppel, Fräulein Petterssons Haus.
Aus: Jul Morde. Skandinavische Weihnachtskrimis. Hg. von Sibylle Klöcker.
© 2013 für die deutsche Übersetzung von Lotta Rüegger und Holger Wolandt bei der Rowohlt Verlag GmbH, Reinbek bei Hamburg
Original: Frökens hus,
© 2013 by Hans Koppel

Petra Oelker, Nichts als Hirngespinste.
Aus: Jan Seghers, Der Tod hat 24 Türchen. Ein mörderischer Adventskalender.
© 2008 Rowohlt Verlag GmbH, Reinbek bei Hamburg

Georgia Stöckmann, Morgen, Kinder, wird's was geben.
© bei der Autorin

Sollte es dem Verlag trotz intensiver Bemühungen in Einzelfällen nicht gelungen sein, die Inhaber der Textrechte zu ermitteln, bleiben berechtigte Honoraransprüche bestehen.